隼人学ブックレット❷

HAYATOGAKU BOOKLET

五感で学ぶ
地域の魅力

志學館大学生涯学習センター
霧島市教育委員会
鹿児島工業高等専門学校
編

南方新社

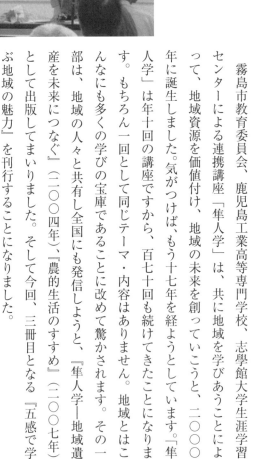

刊行にあたって

編集委員会を代表して　岩橋　恵子

霧島市教育委員会、鹿児島工業高等専門学校、志學館大学生涯学習センターによる連携講座「隼人学」は、共に地域を学びあうことによって、地域資源を価値付け、地域の未来を創っていこうと、二〇〇〇年に誕生しました。気がつけば、もう十七年を経ようとしています。「隼人学」は年十回の講座ですから、百七十回も続けてきたことになります。もちろん一回として同じテーマ・内容はありません。地域とはこんなにも多くの学びの宝庫であることに改めて驚かされます。その一部は、地域の人々と共有し全国にも発信しようと、『隼人学―地域遺産を未来につなぐ』（二〇〇四年）、『農的生活のすすめ』（二〇〇七年）として出版してまいりました。そして今回、三冊目となる『五感で学ぶ地域の魅力』を刊行することになりました。

文字通りとても「魅力」的な本書のタイトルは、「隼人学」講座企画の話し合いの中で生まれました。「最近は目の前の人と直接対話を

しないで、ネット依存の人が増えていますね」「もっと生きた体験や感覚を大切にしたいですね」という受講者の発言から議論が始まりました。そして、確かに私たちの生活は、科学・技術の発展で大変便利になったけれども、その便利さと引き換えに失ったものも多く、その一つが「五感を楽しむ生活」ではないだろうか、と議論が広がっていきました。五感、つまり視覚・聴覚・臭覚・味覚・触覚は、本来人間に備わっている生きるための力です。とすれば、私たちが便利さの中で忘れがちになっている「五感を楽しむ生活」を取り戻すことは、人生を充実させることになるはずです。しかもそれは決して難しいことではなく、ちょっとだけ意識して身近な地域に関わっていけば、そのための資源は限りなくあるでしょう。

本書は、そんな思いからできあがりました。どの章も、五感を使って地域で生きることの大切さや楽しさを、それぞれの専門の立場から論じています。地域で収穫されるお茶一杯から、あるいは地域ならではの地形に見られる景観から、さらには生活の文化になくてはならない地域の言葉から、はては宇宙までも感じることができるのです。そして共通に語られているのは、五感を研ぎ澄ませば見えてくる「地域の魅力」ということです。

これまでの「隼人学」では、どちらかといえば理性や知性に働きかける学びに重点がおかれてきたように思います。他方、地域を学ぶときに語られることの多い、「地域への愛着」とか「地域アイデンティティ」という言葉には、感性がとても大切であることが示されています。もちろんそれは、理性・知性を軽視しているということではなく、要はバランスと関連付け（感性に裏付けられた理性と、理性に裏付けされた感性）の大切さを示しているといえるでしょう。そのため最近の「隼人学」講座では、地域をテーマとした詩の朗読や音楽の弾き語りといった感性に働きかける内容や、実習・体験など感覚を味わう方法も意識して取り入れています。書籍という媒体でそのすべてをお伝えできないのは残念ですが、本書の背後にある「隼人学」での学びの可能性への挑戦を汲み取っていただければ幸いです。

最後になりましたが、大変ご多忙中にもかかわらず原稿をお寄せ下さいました執筆者の方々、および本書刊行へのご理解をいただいた霧島市教育委員会、鹿児島工業高等専門学校、出版助成をいただいた志學館大学にお礼を申し上げます。また出版にあたっては、南方新社の向原祥隆さんに大変お世話になりました。感謝申し上げます。

二〇一六年、秋

目次

刊行にあたって　志學館大学生涯学習センター長　岩橋恵了　2
第一章　体と五感を使って人生を楽しみましょう　鹿児島大学名誉教授　中河志朗　6
第二章　鹿児島弁という音楽　児童文学作家　植村紀子　17
第三章　鹿児島の地形を感じる　志學館大学人間関係学部講師　宗建郎　31
第四章　五感でエンジョイ！　霧島茶　日本茶インストラクター　竹ノ内裕子　46
第五章　太陽が作る宇宙の天気　鹿児島工業高等専門学校教授　篠原学　59

第一章　体と五感を使って人生を楽しみましょう

中河　志朗

多くの人々は、死ぬまで元気に暮らしたい、と願っています。

この願いに応えるよう、ヒトの体と健康・病気についての人類の知識は急速に正確になっています。その知識を生活に生かせば、命ある限り元気に暮らすことができると思います。ところが残念なことに、これらの知識が人々に正確には伝わっていません。

そこで、ヒトの体の特徴と、五感（視《み》る・聴《き》く・嗅《か》ぐ・味《あじ》わう・触《ふれ》る）を使うことが、加齢による体のおとろえ、特に脳のおとろえ、を和らげることについて説明します。

一、ヒトの体の特徴

健康で長生きするため、まず、第一に考えてほしいことは、ヒトの体では、使わないものは急速におとろえていく、ということです。

このことが、医学の分野で一番強く印象づけられたのは、人工衛星での無重力状態で生活した宇宙飛行士の体の変化です。無重力状態に対する対策を講じていなかった最初の期間は四日間と短いものでしたが、カカトの骨（踵骨）のカルシウム量が平均で約一〇パーセントも減少しました。無重力の生活では、体重に耐えられる骨が必要でなくなるためです。さらに、無重力状態では、重力に逆らって体を維持する骨格筋もおとろえます。長期間、宇宙に滞在した宇宙飛行士が地球に帰ってくると、骨格筋のおとろえのため、自分の力では歩けず、車椅子で移動する光景が見られます。

体の不具合でベッドに長く寝ていると、体を持ち上げるのに必要なお尻の骨格筋（大殿筋《だいでんきん》）が、使う機会が少なくなり、日々やせていきます。長く寝込んで亡くなった人では、通常、一〇センチぐらいの厚さのお尻の骨格筋（大殿筋）がすべてなくなっていました。

第二の特徴は、ヒトの体は、特に対策を講じなければ、中年以後は加齢によって骨格筋や骨格（骨）、皮膚、肺、脳、神経など、あらゆる体の部位が年々おとろえることです。

一般に、ヒトの骨格筋では四十歳代からおとろえが目立ちます。しかも、手に関する骨格筋に比べて足の動きに関係する骨格筋が早くおとろえます。また、体の各部位（関節）を曲げる骨格筋（屈筋《くっきん》）よりも、体の各部位（関節）を伸ばす骨格筋（伸筋《しんきん》）が早くおとろえます。その例として、背中を曲げる骨格筋よりも伸ばすものが早くおとろえるため、日常的に背中を伸ばす骨格筋（脊柱起立筋《せきちゅうきりつきん》）を強める努力をしなければ、歳をとって背中が曲がっている、といわれます。

現代社会では、歩かない、階段を歩いて上がらない、買い物ではカートを使い荷物を持たないなど、骨や骨格筋に負荷をかけなくともよい生活になっています。日常的に運動をしていない人では骨や骨格筋のおとろえが加齢で強まらないか、心配です。

　女性においては、生理が止まった後の数年間は、女性ホルモンの減少との関係で急速に骨がおとろえます。しかし、適度な運動と、食事で適切なカルシウムとビタミンDをとることで、加齢による骨のおとろえを和らげることができます。

　第三の特徴に、体が必要としている量よりも過剰に食べ物をとると、やっかいなことに、皮膚の深層に存在する皮下脂肪や、お腹のなかにある内臓脂肪を増やし、絶食や食糧不足に備える性質があります。

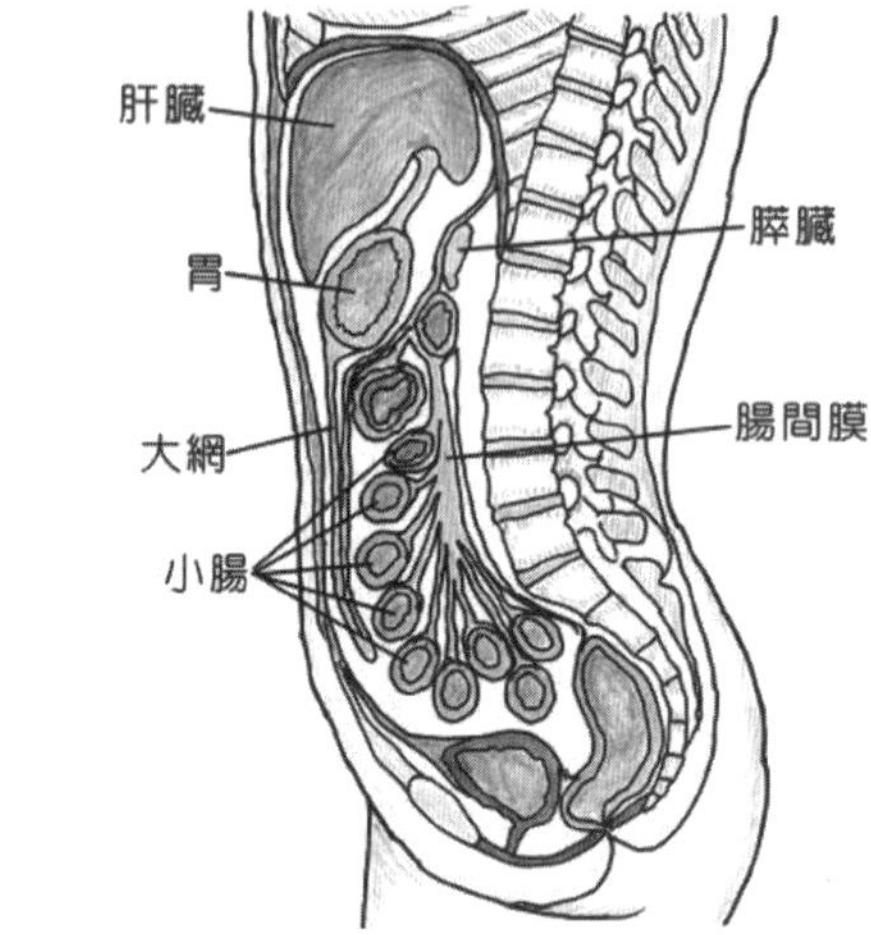

図１　ヒトのお腹の内部を模式的に描く

　内臓脂肪は、図1に示す大網《たいもう》や腸間膜《ちょうかんまく》などに大型の脂肪細胞が増えることで蓄えられています。やせたヒトの大網や腸間膜の厚さは〇・五センチもありませんが、お腹が大きくふくれたヒトでは、これらの厚さが五センチにもなっていました。

　何年にもわたって内臓脂肪が増え続けると、だんだんと肝臓や膵臓《すいぞう》、腎臓、心臓、血管などの体の機能が悪くなり、高血圧や2型糖尿病などの生活習慣病になることが分かっています。

　長く生きられた方は、インタビューなどで、長生きの秘訣《ひけつ》は腹八分目、と語ることが多いですが、理《り》にかなっています。

私は、太り気味の人に対して、朝食と昼食は普通に食べ、夕食を腹八分目にとどめ、寝るときに少しお腹がすくか、あるいは朝起きたときお腹がすいている状態にしてください、と話しています。体の脂肪が減ると、脳に対するホルモンなどとの関係で、お腹がすいた気持ちになります。

二、神経の特徴

五感を感じるのは、神経の働きによります。

神経で主要な働きをする神経細胞が活動するためには、グルコース（ブドウ糖）と酸素、ビタミンB群が特に必要です。ところが、ヒトの体では、グルコースと酸素を神経細胞の中に蓄えることができず、神経細胞は、絶えず血液からグルコースと酸素を活動に応じて取り込みます。骨格筋はグルコース以外に脂肪酸（脂質に属する化合物）を活動のエネルギーとして使うことができるのですが、神経細胞では活動のエネルギーとして脂肪酸を利用することができません。そのため、血液のグルコースや酸素が減少しすぎると、脳の神経細胞の活動が止まり、意識がなくなります。正座《せいざ》したときに、脚《あし》がしびれるのは、脚に分布する神経を養う血管の流れが悪くなるため、酸素やグルコースなどの不足によって神経の機能が障害されるためです。

グルコースを利用して神経細胞が活動するためには、ビタミンB群が欠かせません。ビタミンB_1の不足で脚気《かっけ》とよばれる神経障害をおこします。

先ほどの骨や骨格筋と同じく、神経でも長く使わないと神経細胞はなくなります。

脳についても同じです。脳では部位によって働きが違いますので、使わない部位では加齢によって神経細胞がゆるやかに減少します。脳をつくる神経細胞がなくなっても、思春期以後では、ほとんど新しい神経細胞をつくることができず、なくなったものを補うことができません。私の経験でも、生前に人との交流が少なかったと考えられる高齢者の脳では、話すときに使われる脳の部位(図2参照)が目立ってやせていました。

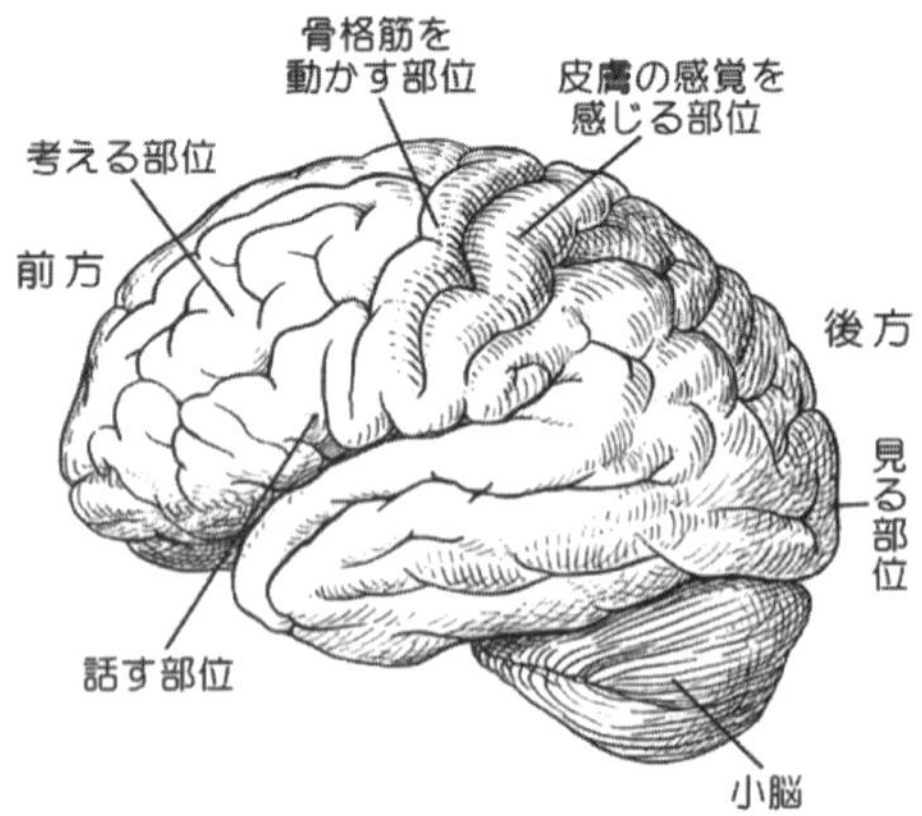

図2　ヒトの脳の左側面を模式的に描く

ヒトの脳では、なくなった神経細胞を新しい神経細胞で補うことができませんので、神経細胞がなくなると、だんだんと脳が小さくなります。健康な成人の脳の重さは、通常、一二〇〇グラムから一四〇〇グラムですが、九〇〇グラムをわった高齢者の脳がありました。

三、見る力

目に入る光は、物を見る以外にも役割があります。体の一日のリズムを調節したり、気分を明るくしたりするなどの働きもあります。太陽光が弱くなる冬場になると、うつになる人がいます。また、見る力がおとろえると、気分も落ち込みやすくなります。

見る力（視力）を維持するためには、加齢による水晶体《すいしょうたい》（レンズ）の白い濁《にご》り（白内障《はくないしょう》）や視細胞《しさいぼう》（光を神経活動に変える細胞）の減少などを食い止めることが必要です。また、光の情報を神経活動に変えるためには、レチナール（ビタミンAのアルデヒド型）が欠かせません。

歳をとると涙もろくなる、といわれていますが、歳のせいばかりでなく、病気の可能性があります。中高年者では、目からの涙を鼻に運ぶ管（鼻涙管《びるいかん》）が詰《つ》まって涙が出やすくなることがあります。涙もろくなることを歳のせいにせず、一度、眼科で調べてもらうとよいでしょう。

また、強い近視の人や糖尿病にかかった人では、見た風景（視野）の端に黒い雲のようなものが見える場合、あるいは夜間に物が見えにくくなる場合などでは、眼球の周辺にある神経細胞が死にかけている緑内障《りょくないしょう》の恐れがあります。

四、聴く力

歳をとると耳が悪くなる、との話をよく聞きます。

耳が悪いのは、加齢による変化でなく、原因の一つに、鼓膜の内側の空気圧を外側の圧と同じにする耳管《じかん》（図3参照）が詰まったため、鼓膜《こまく》の振動が悪くなったり、酸素不足で耳の中にある音を感じる細胞（内耳《ないじ》の有毛細胞《ゆうもうさいぼう》）が障害されたりした場合などがあります。亡くなった高齢者

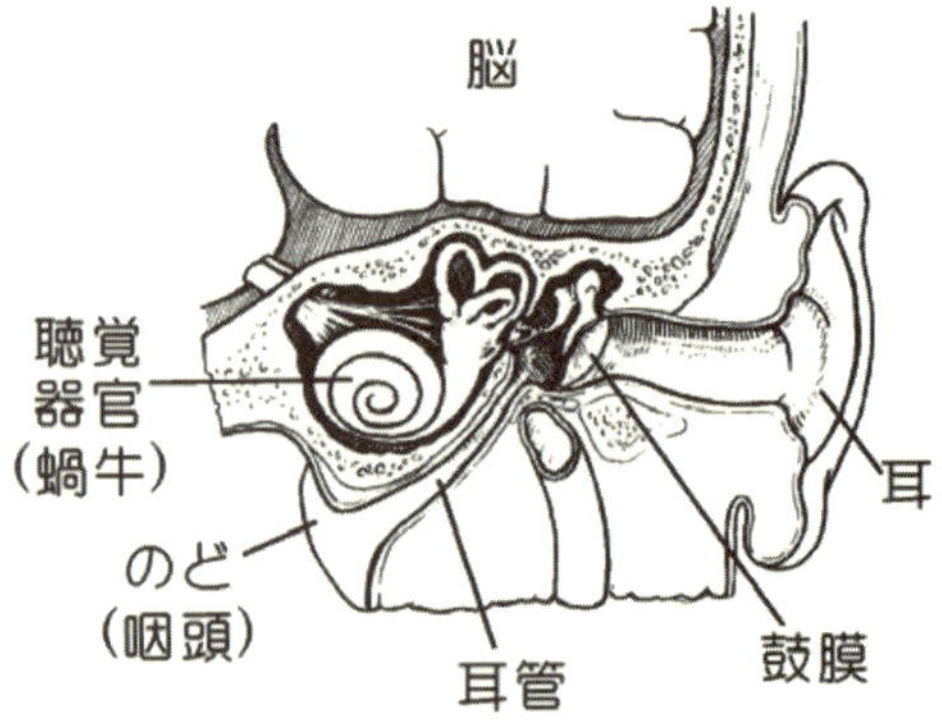

図３　耳管を示す模式図

の大半で耳管が詰まっていました。聞く力が弱くなったと感じたら、歳のせいとあきらめず、一度、耳鼻科で検査してもらうとよいでしょう。

イヤホンやヘッドホンを使い、日頃から大きな音になれると、弱く微妙な音が聞きづらくなります。

五、嗅ぐ力

匂《にお》いが分かるためには、匂いをふくんだ空気が鼻の中の天井《てんじょう》まで届く必要があります。鼻の天井には、匂いに反応する神経細胞（嗅細胞《きゅうさいぼう》は匂いを神経活動に変える）があります。風邪で鼻がつまると、匂いをふくんだ空気が鼻の天井に届かないため、匂いが分からなくなります。

匂いは、ヒトの感情に強い影響をおよぼします。良い香《かおり》は気分をさわやかにし、いやな臭《にお》いは気分を悪くします。

匂いと食べ物の味は、ともに共同して人の感情に働きかけます。そのため、鼻を閉じて匂いが分からない状態では、焼き肉を食べてもおいしくないものです。

六、味わう力

食べ物を味《あじ》わうためには、食べ物をよくかみ、味の成分が唾液《だえき》に溶けることが必要です。唾液に溶けた味の成分の情報（塩味《しおあじ》、酸味《さんみ》、うま味、甘味《あまみ》、にが味）が舌にある味を認識する細胞（味細胞《あじさいぼう》）を通じて脳に伝わります。そのため、かむ努力を怠ると食べ物の本当の味がよく分かりません。

かむことが弱くなると、唾液が少なくなり、飲み物といっしょでなければ食べ物がのどを通らなくなります。唾液には、食べ物がのどを通りやすくし、口の中の虫歯菌が増えるのを抑える働きがあります。

味細胞も加齢にともなって減少します。亜鉛《あえん》を食べ物としてとらないと、味細胞が障害され、味が分からなくなることがあります。

先ほど書きましたように、味は、匂いとも密接な感覚です。好ましい匂いは食べ物をおいしくします。味の情報は、匂いと同じく食欲や感情に強い影響を与えます。新鮮な食材で多彩な味を楽しみ、心を豊かにしていきましょう。

ところで、一般的に、ヒトが好む味は子どもの時に食べた物の味をおいしい、と感じる傾向が

表１　メーカー表示による食品にふくまれる食塩の量

食品名	食品にふくまれる食塩の量
インスタント醤油らーめん	1袋（105グラム）あたり7グラム
塩パン	1個あたり2.77グラム
パスタ・ソース	1袋あたり2グラム
焼き竹輪	1本（約55グラム）あたり1.2グラム
食パン（6枚切り）	1枚（約66グラム）あたり0.7グラム

あります。そのため、塩や砂糖、醤油、調味料などを料理に多く使う濃い味に少年時代になじむと、成人になっても濃い目の味付けを好みます。そして、濃い塩味も好み、塩分をとり過ぎます。日常的な塩分の取り過ぎが日本人での高血圧の原因の一つです。日頃、食事でとる塩分量が適切だと、なにもつけない食パンでもよくかむと塩味が分かります。しかし、塩分をとり過ぎていると、食パンの塩味が分かりません。

世界保健機構は、一日にとる食塩（塩化ナトリウム）の量を六グラム以下にすることを推奨しています。表1を参考に塩分を取り過ぎないように心がけましょう。

七、皮膚の感覚

高年者では、皮膚が薄くなるとともに、皮膚にある感覚に関係する細胞も加齢にともない数が少なくなります。さらに、特に手立てをおこなわなければ、皮膚に分布する神経も加齢で細くなり、皮膚の感覚がにぶくなります。皮膚の加齢による例としては、高齢者では低温やけど（火傷）をしやすくなることがあります。皮膚の感覚の低下を防ぐためには、一日に一回ぐらいは、皮膚をタオルなどで軽くこすり、神経のおとろえを防ぐことを勧めます。

加齢による皮膚の細胞の減少では、皮膚の傷の治りが遅くなったり、体温調節がうまく働かなくなったり、ビタミンD₃をつくる能力がおとろえたりします。体内でビタミンD₃が不足すると、腸からのカルシウム吸収が悪くなり、カルシウム不足による骨のおとろえを強めます。

八、脳での分担とネットワーク

図2で示すように、脳では、前述の五感を認識する部位と、考えたり、起こりうる状況を想像したり、判断したり、将来を予想する部位（前頭葉《ぜんとうよう》の一部）とが異なります。そのため、思春期以後、脳の各部位を結ぶネットワーク（神経回路網）が急速に発達し、成人では強いネットワークが脳内で見られます。ところが、判断したり考えたりすることが少なくなると、ネットワークがおとろえ、それとともに前頭葉での神経細胞が減少し始めます。実際、七十歳代の方の脳において、他の部位に目立ったおとろえ（萎縮《いしゅく》）がないのですが、前頭葉で部分的なおとろえが観察されました。

この脳のおとろえを防ぐためにも、しっかりと五感を使い、そこから得た感覚で脳とネットワークを絶えず活性化し、脳の多くの部位を使うことが大切です。

表２　年齢別と性別で補正した米国における認知症の５年累積危険率

	認知症の５年累積危険率
第１期（1970 年代後半～ 1980 年代前半）	100 人あたり 3.6
第２期（1980 年代後半～ 1990 年代前半）	100 人あたり 2.8
第３期（1990 年代後半～ 2000 年代前半）	100 人あたり 2.2
第４期（2000 年代後半～ 2010 年代前半）	100 人あたり 2.0

注）フラミンガム心臓研究参加者で 60 歳以上の 5,205 人を解析対象とし、年齢と性別で補正した。リスク低下は、高校卒業者以上の参加者において認められた
※引用論文は、N Eng J Med 2016; 374: 523-532.

九、体に気配りで認知症の予防も

平均寿命が延びるのにともない認知症にかかる割合が増える、との話が行政機関やマスコミなどから流されています。

しかし、最近の外国での研究において、所得が高い国では認知症の年齢別発症率が低下していることが示唆《しさ》されています。二〇一六年に米国の医学専門雑誌に発表された論文では、体に気を配る人々の間では、認知症になる割合がこの三十年間で約四五パーセントも減少した、と書かれていました（表２参照）。

元気な体を維持する努力と五感を使って生活を楽しむことで、認知症を防ぎ、命ある限り元気に暮らしてはどうでしょうか。

（なかがわ・しろう　鹿児島大学名誉教授）

第二章　鹿児島弁という音楽

植村　紀子

一、四分音符のこんにちは

懐かしい匂いや味があるように、懐かしい言葉がある。それは、限りなく音楽に近いものかもしれない。

例えば、「こんにちは」という挨拶。

日本語の場合、「こんにちは」は、私が思うに、四分音符で五拍だと思う。手を五回同じ調子でたたく感じだ。速くなったり、遅くなったり、極端に大きく、小さくなったりはしない。日本語になじみのない外国人が「コンニーチワ」と発音するのを思い出してほしい。同じく、世界に通じる「カラオケ」を外国では、「カリオーケ」と言うそうだ。母音を同じ拍数で発音するのは苦手らしい。だから、違う言葉に聞こえても、間違いではない。

しかし、その同じ拍数、同じ単語である日本語も、ひらたく聞こえ最後に下がる標準語「こんにちは」、「こん」と「は」が上がって聞こえる関西弁、「は」が高くなる私の使っている鹿児島弁。五線譜に音符を並べられるような違いである。わずか五拍の単語でも、アクセントが全く異なる。長い文なら、もっとはっきりしたメロディーラインになる。なんて、不思議でおもしろい。きっと、町の数ほど、このメロディーラインはあるのだろう。

このラインもまた方言である。方言というと、鹿児島弁なら、「いい天気ですね」が「よか天気じゃね」と変換できるような、言葉そのものが変わってしまう場合を考えがちだ。しかし、「いい天気ですね」の抑揚は、標準語と鹿児島弁では明らかに違う。だから、出身地がわかる。それが嫌だと感じる人、懐かしいと感じる人。いずれも心が動かされることには間違いない。

私は、このメロディーラインと方言を、次世代へ伝えたいと願っている。

二、方言のメロディーライン

次世代へ伝えるには、その言葉に魅力を感じなければならない。しかし、東京から遠く離れた鹿児島県民は、悲しいかな、あまり方言が好きではないようだ。鹿児島弁は荒くてダサい！と言う。

そうじゃろかい？（そうかな）

二〇一六年秋、宝塚歌劇では、桐野利秋を主人公にした「桜華に舞え」を上演。あのタカラジェンヌが、清く正しく美しく、鹿児島弁を披露して下さった。時代は、方言じゃっど！

タカラジェンヌも使うほどの鹿児島弁、それを好きになってほしい試みとして、私は二〇〇四年、『鹿児島ことばあそびうた』を、二〇一二年、『鹿児島ことばあそびうた２』（共に石風社）を刊行した。これは、谷川俊太郎さんの『ことばあそびうた』を参考にしたオリジナルの鹿児島弁版である。谷川さんとはご縁を頂き、朗読する機会を得、帯も頂戴した。本にする際、ＣＤ付きを勧めてくださった。文字を読むだけでは、方言の響きが伝わってこないとのこと。やはり、音として耳から入ってこそ、美しくて面白いのだろう。

さて、谷川さんのことばあそびうたで、最も有名な詩は、小学校の教科書（国語）掲載「いるか」かしら。「いるかいるか　いないかいるか」で始まる詩は、何度読んでも楽しい。日本語の不思議さに、ただただ感嘆する。私は、この「いるか」みたいな動物が、鹿児島弁でいないかなあと、あれこれ探し、次の詩に辿り着いた。

しか

うれしか　ぐらしか　いやしか　きしか
おしか　ひもしか　みぐるしか
たのしか　かなしか　くるしか　としか
めしか　おいしか　やぞろしか

くやしか　やましか　はなしか　あしか
こじか　おおじか　むっかしか

保育園や小学校のおはなし会では、シカのぬいぐるみを使い朗読している。どの子も笑ってくれる。ことばあそびを通じて、鹿児島弁に親しんで使ってくれたらな。私は、毎回声をかける。「今日から、嬉しい時は、うれしかって言ってね。悲しい時は、かなしかね。おなかがすいたら、ひもしかで、おいしかったら、おいしかよ」

「はあい。ありがとうございました」

元気の良い挨拶の陰で、はたして、どれぐらいの子どもたちが、実践してくれるか……。先生方にもお願いするが、これが、まことに、むっかしか（難しい）。保育や教育の現場では、方言のメロディーラインは人気がないのかなあ。

昔、高度成長期、都会へ出た若者の就職先から「鹿児島の子は消極的で、電話にもでない、接客もできない」と言われ、学校職員の危機感は相当なものだったらしい。方言が目の敵にされ、共通語化を図るため「方言札」（学校で方言を使用した生徒に罰として首から下げる札）もあったと聞く。

テレビもネットもない、父母も祖父母も鹿児島出身者が多かった頃の話である。言葉で気後れしないよう、当時としては画期的な試みだったかもしれない。しかし今日、デパートもコンビニも、駅も銀行も病院も標準語だらけ。また、県外出身の父母も多い。今となってはむしろ、方言を聞く・話す機会が激減しているのではないか。

教育現場でこそ、方言のメロディーラインを奏でてほしかなあ、と私は思う。

それからもう一つ、方言を好きになり、方言のメロディーラインを奏で続けてほしくて、親子三代で遊べるものも手がけてみた。『鹿児島ことばあそびうたかるた』（南方新社）と『ぐるっと一周！鹿児島すごろく』（燦燦舎）である。

お正月の定番、実際に遊べるカルタとスゴロクの鹿児島弁版。カルタは、『鹿児島ことばあそびうた』に読み札が掲載してあるので、ＣＤでメロディーを聞くこともできる。

カルタを少し紹介すると、

あ　あったらしか　新しいのは　もったいない

＊あったらしか＝もったいない

こ　こまんか赤ちゃん　むじょかねえ

＊こまんか＝小さい

＊むじょか＝かわいい

さ　さんごじゅうご　してから答える　七四　二十八

＊さんごじゅうご＝しばらくしてから

ね　ねぶいかぶい　やった宿題　ざっぺら

＊ねぶいかぶい＝うつらうつら

＊ざっぺら＝雑でいいかげん

わ　わっぜぇ　おもして　かるたとり

＊わっぜえ＝ものすごく

＊おもして＝面白い

と言った感じである。

絵・原田美夏

一方、スゴロクは、鹿児島南北六〇〇キロ、四十三市町村をすべて回る。ふりだしは出水《いずみ》で、東シナ海～錦江《きんこう》湾沿い～佐多岬～島々～大隅半島へ戻り、あがりは出水。途中、鹿児島弁でいろいろ指示してみた。たとえば、

出水平野

ツルッ（うとうと）とまどろみ、バサッと4へとぶ。

桜島

さくらのはいった　うたうたう。こうか（校歌）でん　なんでん　うたうたう。
うたえたら　1すすむ。うたえなかったら　1もどる。

種子島

たけざきかいがん「あばよー！」（わあー！）とおらんで（さけんで）
うちゅうへあばよ！　1かいやすみ。

といった具合。あちこちで、方言のメロディーが聞こえてくるよう工夫してみた。親から子へ孫へ、「昔、ここに住んじょった」とか、「今度、ここに、ドライブに行くがね」とか、楽しい話が方言で花開いたら、嬉しかなあ！　そして、付録の「すごろくの手帖」でも、方言についてふれてみた。

与論島

鹿児島県最南端の島。大島地区では、二月一八日を「方言の日」と定めている。これは、与論（ユンヌ）の言葉（フトゥバ）から、フ（2）、トゥ（10）、バ（8）をかけたもの。方言って、キラキラ輝く星砂みたい。土地の風景や人の愛情がこもっていて。日本全土にも「方言の日」が広がってほしいな。

その他、二〇一六年秋に出版した創作民話『雪ばじょ　おはなしと「音楽づくり」』（南方新社）でも、鹿児島弁の魅力伝承に取り組んでみた。雪ばじょとは、雪おんなのこと。正体を秘めた千代が、夏、山へ涼みに行かせてほしいと夫へこいねがう。その返事を、夫与助にこう言わせた。「どこでんよか。じゃっどん、必ず、戻っきやんせ（どこでもよい。しかし、必ず、帰ってらっしゃい）」ぶっきらぼうだが、愛にあふれた台詞は、方言ならではと思うが、いかがだろうか。

また、この本では、鹿児島国際大学准教授・中村ますみ氏によるテーマ音楽が、動画投稿サイト「ユーチューブ」で聞けるようになっている。私の朗読もあり。スマホ世代がBGMを聞きながら、目と耳で鹿児島弁に触れ、方言の魅力を再発見してくれることを願っている。

以上が、方言のメロディーラインを好きになってほしいための、ことばあそび、カルタ、スゴロク、昔話の実践である。

三、トライアングル

トライアングルという楽器は、不思議である。あんなに小さいのに、そこら中に響く。その上、誰もが一度は手にしたもので、とても親しみやすい。もしオーケストラの中で演奏できるなら、バイオリンは無理としても、「トライアングルなら、私にもできそう」と思わせてくれる。（まあ実際は、打楽器奏者の体はメトロノーム。素人にはかなり難しいらしい）。

年末、日本中に流れるベートーベンの第九には、トライアングル奏者が、起立して奏でる場面がある。聞き慣れた曲なので、耳にした方も多いだろう。私は、毎年、何度聞いても思う。もし、この壮大な交響曲に、トライアングルが響かなかったら、どうなるだろうかと。「すべての人々は兄弟となる」と歌う合唱、それを奏でるハーモニー、すべてが壊れていく気がしてならない。チーンという小さな楽器の響きは、宇宙にまで届く。

そこで思う。

方言は、トライアングルである。

地球上のあらゆる言葉が、オーケストラの楽器だとすると、どの言葉も価値ある大切な楽器。一見、役に立たないような方言も奏でられなければ、ハーモニーとして響かない。残念ながら、この地球は調和で満たされていない。もしかすると、紛争や戦争の影に、言葉への偏見や思い上がりがないか？

宇宙から見たら、英語も鹿児島弁も一地方の言葉、つまり方言である。世界共通語の英語を学ぶのは大切だが、英語が世界で一番の言語ではないことを忘れてはならないだろう。みんなが自分の話す方言を大切にし、お隣の方言も尊重したら、ほら、聞こえてくるかも……。青い地球のハーモニーが。

さて、トライアングルに似た言葉に、トライリンガル（トリリンガル）という言葉がある。三カ国語を話せる人の意味。二カ国語を話せる人は、バイリンガル。

私は、鹿児島弁と標準語のバイリンガルである。と言うと、英語の先生に怒られるかな。使い方が違うぞって。

映画『舞妓はレディ』をご覧になっただろうか。『マイフェアレディ』の日本版。主人公は、鹿児島弁と津軽弁と京都弁を話すトライリンガルである。劇中、言語学者が「鹿児島弁と津軽弁のバイリンガル、初めて聞いた」と言ったり、失語症を患う主人公に鹿児島弁で励ますシーンもあったり。主人公演じる上白石萌音さんは鹿児島出身で、実に方言を巧みに操り、名演だった。そして、全編に流れる方言のメロディーラインが、私の琴線に触れ、共鳴し続けた。方言を明るいステージへと、引き上げてくれたみたい。萌音さん、鹿児島に帰ってきたら、地元テレビのインタビューには、鹿児島弁（鹿児島アクセント）で答えてくれたら、楽しか嬉しか。

「Story」や「ハピネス」のヒット曲で有名な鹿児島出身の歌手ＡＩさん、顔や歌がすぐ、浮かぶことと思う。私は、歌以上に語りが浮かんで来る。ハーフで英語も巧みなので、本当のバイリンガルだ。その上、テレビやコンサートで語る鹿児島弁も、実に爽やかである。音楽家であるから、標準語アクセントを使えないはずはない。ＡＩさんもトライリンガル。それなのに、全国放送の歌番組でもドキュメンタリー番組でも、鹿児島弁を貫く心意気は、ブラボー！　まっこて、すばらしか！

競泳のオリンピックメダリストである宮下純一さん（鹿児島出身）は、タレントや解説者として、今や全国放送の顔である。競泳選手時代は、海外遠征もあり、きっと英語も話したであろう。彼もまた、トライリンガルかもしれない。その宮下さんが、地元放送局の番組では、アナウンサーや地元の人と鹿児島弁で語っている。なんだか、ほっとする。「やっぱり、宮下くんは、鹿児島の人なんだよね」と、急に身内のような気が……。方言のメロディーは、間違いなく人に優しさを届ける。方言って偉かねえ。

以上、トライアングルを奏でるように、俳優、歌手、スポーツ選手の三人に触れてみた。若者が影響を受けやすい三つの職業である。憧れの人が、英語や標準語も話せるのに、堂々とかっこよく方言を語る。これこそが、方言が次世代へ伝わる最大の秘訣だと思う。方言ってかっこよかよねえ。まねするが！って。

あなたはトライリンガル？

それともバイリンガル？

鹿児島大学から国立国語研究所へ移られた木部暢子氏は、『じゃっで方言なおもしとか』（岩波書店）の中で、こう述べておられる。

理想は、祖父母世代の言語・方言が、文字ではなく話しことばで引き継がれ、各地の人が方言と標準語のバイリンガルになることです。

四、音（言葉）を継ぐ

約三百年前のベートーベン第九は、楽譜と楽器と演奏者がいるかぎり、千年後へ継いでいける。再生可能であり、心動かされる千年後の人も必ずいるはず。では、目から入る物語の言葉はどうか。千年前の源氏物語が今も読み継がれている奇跡がある。言葉は古語となっても、変わらぬ単語や偉大な先人の注釈により、こちらも再生可能。千年後も確実に残っていくだろう。

しかし、耳から入る言葉は、どうか？　源氏物語の読み方は昔と異なっているだろう。本稿で書き続けてきた言葉を使うなら、平安時代と平成時代のメロディーラインは違うはず。そして、音としての言葉は、再生不可能である。いや、録音すれば大丈夫？　いやいや、それは、記録として残すという価値で、生きている言葉ではない。

言葉の変化は、言葉の宿命である。しかし、ネット社会の現代は、一日が一秒というようなスピード。消える言葉の数も超高速である。その中で、日本語そのものも、ましてや方言消失など、誰も気にしない……。

果たして、それでよいのか？

もし、私の子ども世代の夫婦が、鹿児島弁を話せるのに、標準語アクセントで子育てをしたら、その子どもは鹿児島アクセントで話せなくなる。話せない子ども世代の子育ては、方言を取り戻せない。ゼロ。

ああ、もったいない。

「鹿児島弁という音楽」は、美しい。琴線に触れ、涙する人。勇気づけられる人。幸せを分かち合える人。方言でしか表現できない音の世界。私たちが、この音楽を継いでいけるかどうかは、私たち次第。生きている音（言葉）として、再生し続けたい。

平成二十七年九月、ニューライフカレッジ霧島で「鹿児島弁という音楽」と題して話をさせて頂いた。本稿は、その講演内容に加筆したものである。最後に、講演後に頂いたアンケートと私の掛け合いで、筆を擱きたい。

「ことば（方言）のやさしい、なつかしいひびきにふれた思いです」

「ですです（そうです）。方言って、やっぱい琴線に触れるんですよねえ」

「日本の言葉は本来方言（地域の言葉）で成り立っていることが改めてわかりました。地産地消と云われますが、言葉も地域の特産品なので、次世代に伝えていくべきものと思いました」

「地産地消。なるほど。方言も地元で生まれ地元で使いますもんね。かごしまブランドの中に、方言も、かたして（仲間に入る）もらわんなら。薩摩切子や大島紬と友達じゃ。キンゴキンゴ輝き、未来せえ、伝えるがね」

「全国を転々としましたが、あらためて鹿児島弁の魅力を見つけた感じです」

「んだもしたん（あらまあ）、全国を回いやったち。あちこちの言葉の音楽が、体にしみこんで楽しかろごちゃ。あいもこいもそいも魅力的」

「今の子ども達は標準語しかしゃべりませんが、私は孫にも鹿児島弁をしゃべっていきたいと思います」

「鹿児島の象徴桜島は、二つの山でできちょったっち。私たちも二つ、標準語と鹿児島弁をしゃべって、桜島のような美しい姿にならんならね。子へ孫へ命を継ぐように、鹿児島弁という音楽も継いでいっもそや（参りましょう）」


（うえむら・のりこ　児童文学作家）

第三章　鹿児島の地形を感じる

宗　建郎

一、はじめに

鹿児島には非常に特徴的な地形がたくさん存在している。もちろん、大地は世界中どこをとっても唯一無二のものであり、その意味では世界中のどの地点をとっても独特な地形をしていると言える。しかしそのような意味をおいても、鹿児島には非常に興味深い、特有の地形が多数存在している。私たちはそのような地形を普段目にしていても、そこにおもしろさや楽しさを感じることはほとんどないだろう。それは主に二つの理由が考えられる。

第一に、私たちは自分たちが立っている大地が、昔からずっとそのようにあり、これから先もそのようにあり続けると考えがちであり、そのために私たちを取り巻く地形がなぜそのようにあるのかを考えようという方向に心が働かないのではないだろうか。いわば大地に対して強い信頼を抱いているとも言える。しかし、大地は常に変化を続けており、今私たちが見ている姿は何かの力（地形営力）によって作り上げられた結果であり、これからさらに変化をしていく過程でもあるのだ。二〇一六年四月に発生した熊本地震や鹿児島でも相次ぐ崖崩れなどは地形が変化していく過程であり、その過程が人間の生活にダメージを与えたとき災害と呼ばれ、大地が変化することを改めて認識させられる。

第二に、鹿児島の地形は私たちの生活の一部であり、背景として存在する。普段見慣れた景色が、なぜそのようにあるのか疑問を感じるというのはなかなか難しいことである。テレビをつければ旅番組がたくさん放送されており、世界中の様々な地域の姿を伝えてくれる。そのような番組が成立し、それを見る私たちがおもしろさを感じるのは普段見慣れない世界を見ることができ、そこにおかしさや疑問を感じるからである。

私たちは普段の生活の中で鹿児島の地形を、遠くの地形は視覚で、近くの地形は歩いたり、立っていたり、車で移動をしていたりする中での体感として、感じている。しかしそれを意識することは少ない。そのような地形を「おかしい」と感じ、「なぜ」と考えることで、鹿児島の地形に「楽しさ」を感じることができる。そのために、まずは大地が作られる大きな枠組みから考え、そして私たちを取り巻く鹿児島の地形を改めて見直してみたい。

二、プレートテクトニクス

二〇一一年三月十一日に発生した東北地方太平洋沖地震以来、プレートという言葉をテレビニユースなどによってもよく耳にするようになった。地球表面は十数枚のプレートと呼ばれる岩盤で覆われており、これらが一年に数センチの速度で動いている。この運動論をプレートテクトニクスという。これは一九一〇年にA・ウェゲナーが提唱した大陸移動説を裏付けるものであり、プレートはその下にある流動的なマントルの動きに乗って移動するため、それにつれて世界中の大陸も移動している。つまり私たちが立っている大地は常に移動をしていると言える。

だからといって私たちはこの移動を体感することはできないが、これらのプレートの運動はその境界線において変動帯を形成し、その活動を確認することができる。世界の変動帯は三つに分類される。①広がる変動帯、②狭まる変動帯、③ずれる変動帯の三種類である。

広がる変動帯の多くは大洋の海底に存在する中央海嶺を形成しており、常にマントルが上昇し、マグマの噴出とともに海底を押し広げている。一部は陸上に現れており、アフリカの大地溝帯やアイスランドのギャオとして知られているのも広がる変動帯である。

狭まる変動帯はプレート同士がぶつかり合う方向に移動している地帯での境界線で、大陸同士がぶつかり合い、大山脈を形成する衝突型と、片方のプレートの下にもう片方のプレートが沈み込む、沈み込み型の二種類に分けられる。衝突型はアルプス山脈やヒマラヤ山脈などが典型であり、非常に急峻な山脈を作り上げる。一方の沈み込み型は海溝を形成し、ペルー山脈のように大陸縁辺に山脈を形成したり、島弧（弧状列島）と呼ばれる島々を形成したりする。

ずれる変動帯はプレート同士がすれ違う方向に移動をしている変動帯で横ずれ断層を形成し、地形の断裂を形成する。アメリカにあるサンアンドレアス断層などが有名である。

日本は狭まる変動帯である環太平洋造山帯に属しており、沈み込み型による島弧で形成されている。日本周辺には大陸プレートである北米プレートとユーラシアプレートと、海洋プレートである太平洋プレートとフィリピン海プレートの四つのプレートがあり、日本はこれらがぶつかり合う境界線上に位置している（図１）。

貝塚（一九七七）は東北日本弧を島弧の典型として挙げ、その地形配列を以下のように述べている（図２）。まず海洋プレートが沈み込む地点には日本海溝があり、これと平行して隆起帯である北上・阿武隈高地という緩やかな山地が存在する。その西側にはやはり平行して中央沈降帯が発達している。これらの地帯には火山は存在せず、外弧と呼ばれる。その西側には火山が列をなして密集する火山フロントが存在し、それよりも西を内弧と呼ぶ。内弧には火山を伴う急峻な山地があり、それよりも西の海底には大和海盆や日本海盆といった海盆が存在する。このように変動帯に平行して海溝、内弧の隆起山地、沈降帯、火山フロント、外弧の山脈、海盆のセットとして島弧を見ることができる。

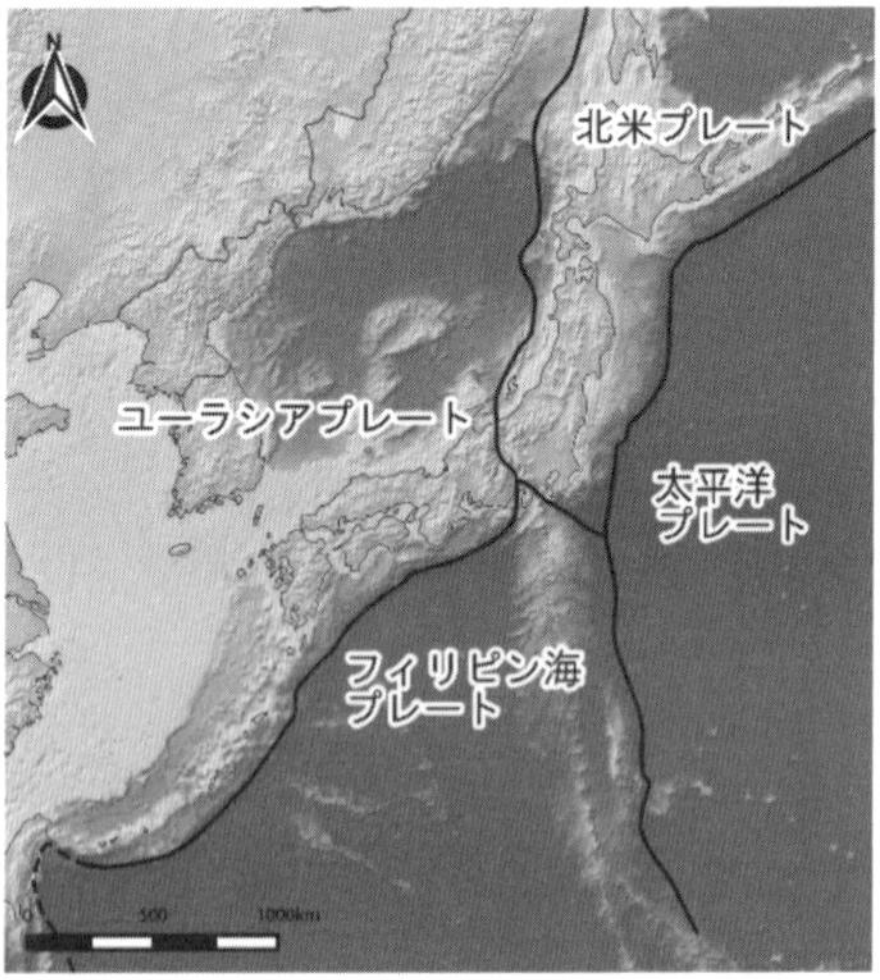

図１　日本周辺のプレート配置
野澤他（2012）を元に作成

三、九州の大地形

それでは島弧としての九州はどのような地形配列をしているだろうか。九州はフォッサマグナ以西の西南日本弧と九州中部から沖縄へとつながる琉球弧の接合部に位置している（図３）。西南日本弧はプレートが沈み込む地点に南海トラフがあり、隆起帯である外帯山地として紀伊山地、四国山地、九州山地が並ぶ。その内側には沈降帯である瀬戸内海や別府―島原地溝帯が存在し、内弧である中国山地や筑紫山地へと並んでいくが、中国地方には明確な火山フロントが存在しない。

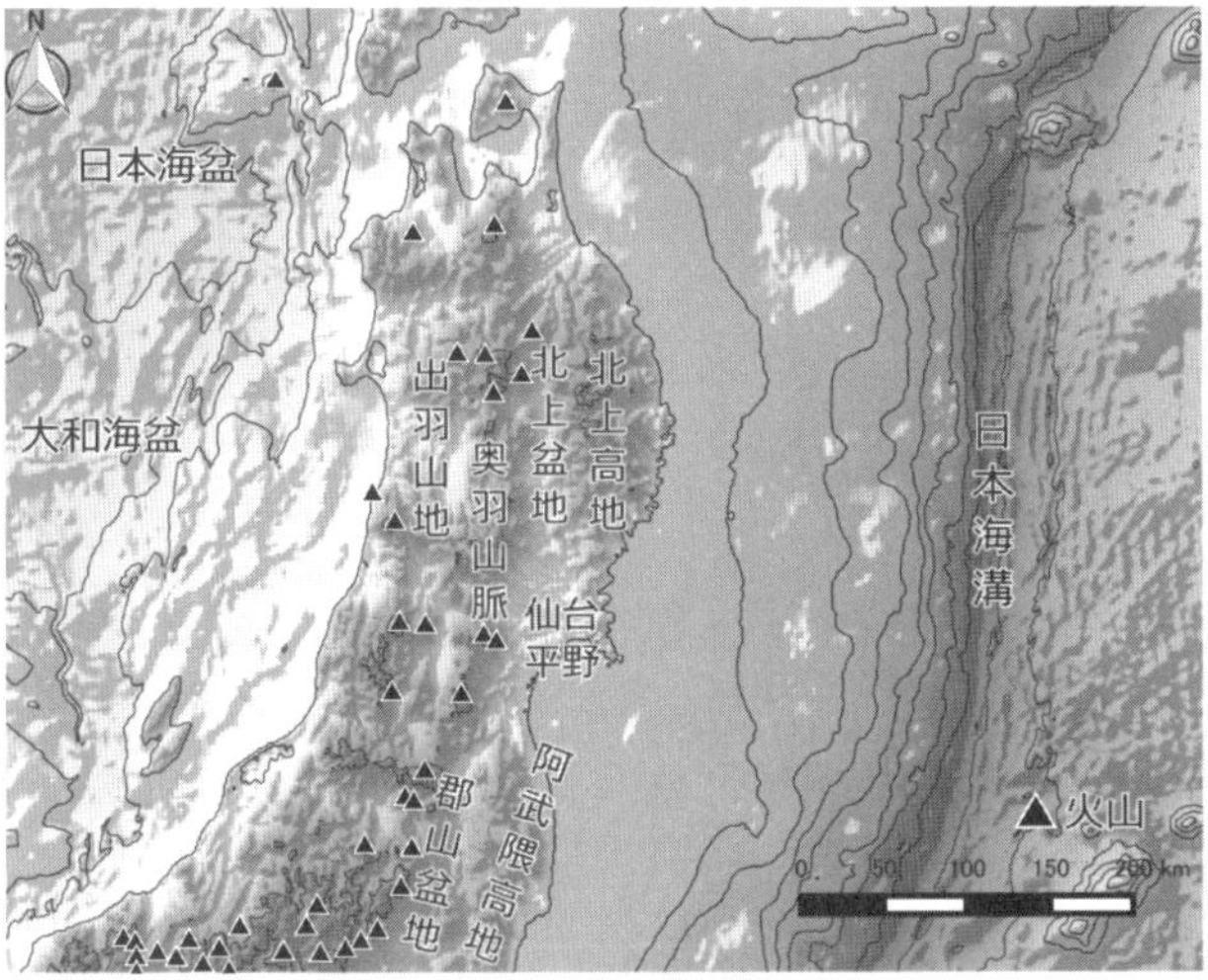

図２　東北日本弧の地形配列
NOAA による ETOPO1 より作成

　この地形配列を東北日本弧と比較すると様相が異なることがわかる。まず南海トラフが海溝と呼ばれない。外帯山地は地形の陰影をみると明らかに一連の山地であることがわかるが、これらの山地は北上・阿武隈高地と比べて非常に

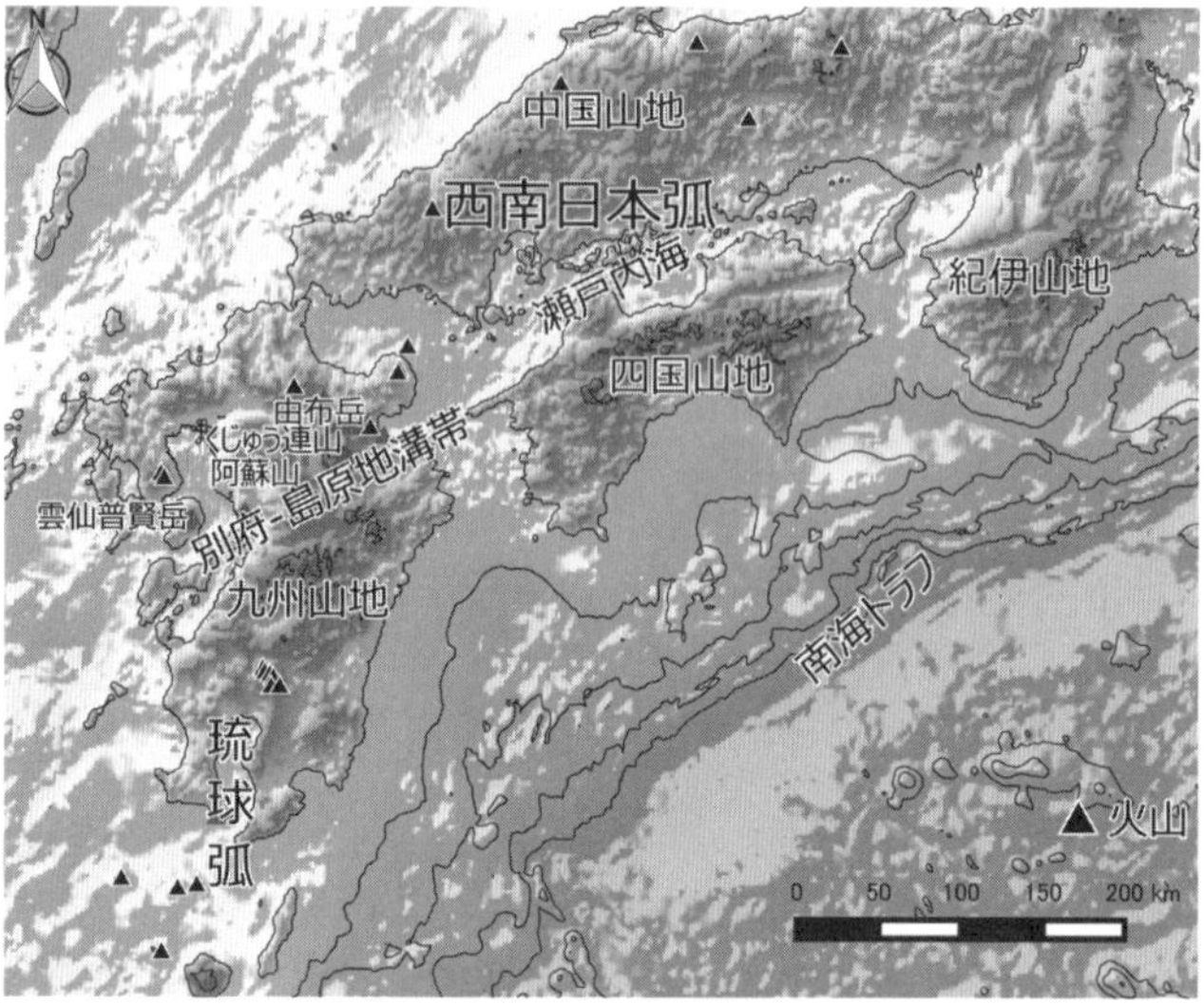

図３　西日本の地形配列

急峻である。そして中国山地には火山フロントが形成されていない。これらのことはどのように説明されるのだろうか。

　東海・東南海・南海地震が懸念される近年、南海トラフの名前をテレビニュースなどで頻繁に聞くようになった。トラフとは舟状海盆のことで、成因ではなく形状によって名付けられたものだ。南海トラフは成因としては日本海溝などと同じプレートの沈み込みによって形成された海底の凹地である。ここではユーラシアプレートに対してフィリピン海プレートが沈み込んでいるが、太平洋プレートと比べてフィリピン海プレートは水平に近い角度でユーラシアプレートに沈み込んでいる。そのため海溝に比べて幅が広く、また深さが浅いトラフを形成している。

　このフィリピン海プレートの沈み込みの角度の浅さは衝突型の狭まる変動帯に似た現象

を引き起こしており、紀伊山地、四国山地、九州山地を急峻な山地にしている。また一般的にプレートの沈み込みがマグマを形成するのは深さが一〇〇キロに達する地点くらいからであるといわれているが、中国地方ではその深さに到達していない（太田他、二〇〇四）。

フィリピン海プレートの沈み込みは紀伊半島や四国付近に比べて九州に近くなるほど深く、また沈み込みの早さも早くなっている。そのため九州地方中部では由布岳、くじゅう連山、阿蘇山、雲仙普賢岳といった火山が形成されている（野澤他、二〇一二）。

琉球弧に目を移してみると、南海トラフは南北方向へと折れ曲がり、南に向かうと琉球海溝が形成されている。それに平行して外帯が宮崎から大隅半島を経て南西諸島、沖縄へと続く。内帯の火山列が霧島からトカラ列島へと続いていく。

四、鹿児島の地形を感じる

①九州の二本の足―薩摩半島と大隅半島

ここまで大地を作り上げる大きな枠組みについて見てきた。日本が、そして九州がどのように形成されてきたのかという仕組みを知ることで、その地形がなぜそのようにあるのかを考えるための手がかりを得ることができた。ここからは私たちを取り巻く鹿児島の地形を改めて見直しながら、そのような地形がなぜできあがったのかについて考えていきたい。

鹿児島の特徴的な地形を考えるに当たって、まず考えておきたいのは九州の二本の足のように見える薩摩半島と大隅半島に囲まれた鹿児島湾である（図４）。九州の特徴的な地形といってもよいこの二本の足は見慣れているものではあるが、平行して存在する二つの大きな半島というのは「おかしい」形をしている。なぜそのような地形が生まれたかというと、琉球弧の火山フロントが関係している。鹿児島湾北部はよく知られているように始良カルデラという火山活動によって形成された地形であり、桜島はそのカルデラの縁に形成された火山である。しかし、カルデラはこれ一つではない。北の加久藤カルデラから霧島連山を経て始良カルデラ、阿多北カルデラ、阿多南カルデラと続き、鹿児島湾を出た後は喜界カルデラへと続いていく鹿児島地溝と呼ばれる琉球弧の外帯山地の内側に形成された火山を伴う地溝によって形成されたのが鹿児島湾なのである。

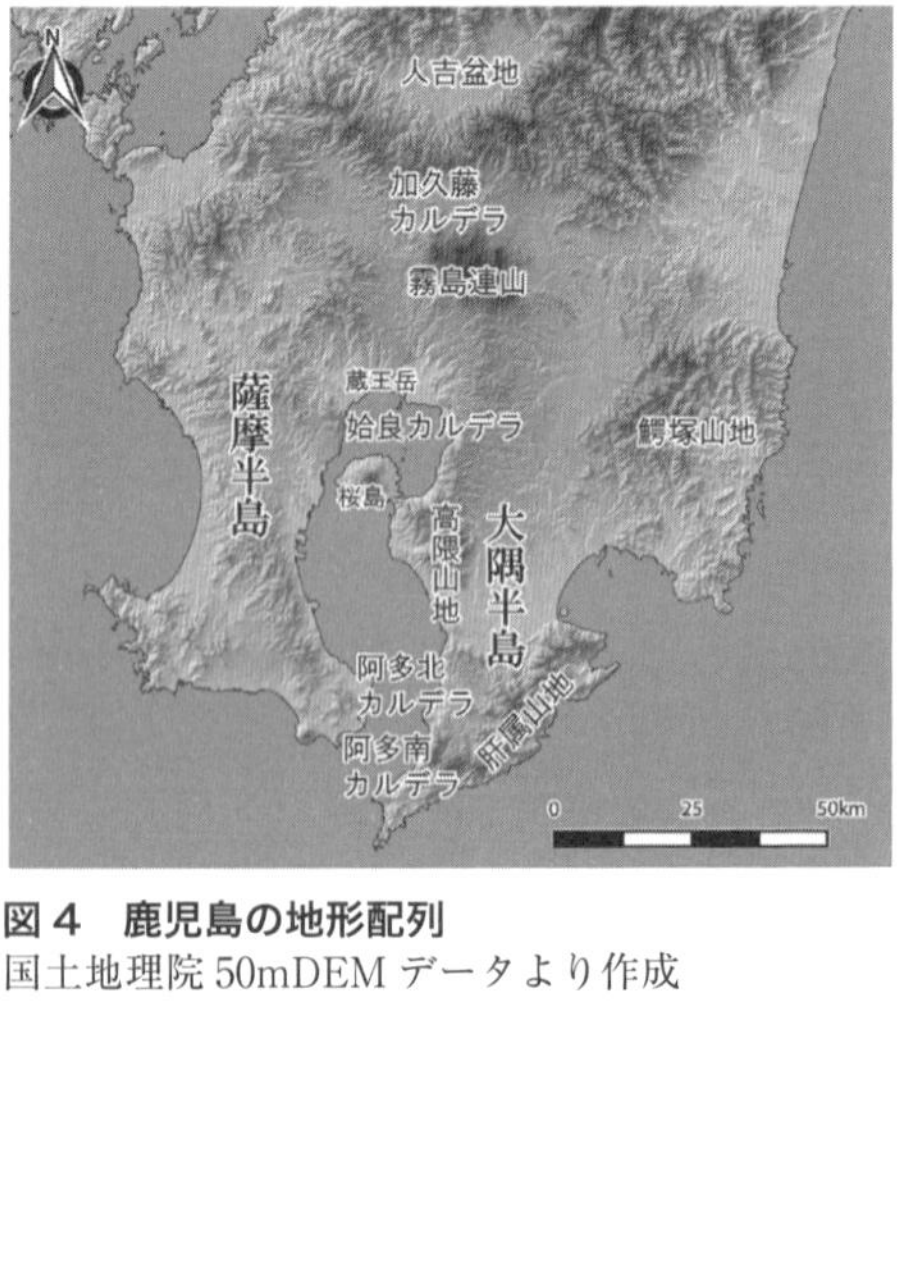

図４　鹿児島の地形配列
国土地理院 50mDEM データより作成

②始良カルデラとシラス台地

桜島以北の鹿児島湾は始良カルデラといわれる火砕流を伴う巨大噴火のカルデラである。このカルデラは一度に起こった噴火による一つのカルデラではなく、長い時間の間に活動を続けてきた火山活動の跡であり、複数のカルデラが組み合わさったカルデラである（町田他、二〇〇一）。現在の地形を作り上げた大きな活動は二・八〜二・五万年前に起こった姶良大噴火で、非常に短い期間に複数回の大噴火が起こったと考えられている。このときの火山灰は姶良—Tn火山灰と呼ばれ、日本中で確認できる。

姶良カルデラ周辺の海沿いを車で移動すると、急角度の崖が壁のように迫ってくる箇所が多数ある（図5）。これらの崖は姶良カルデラのカルデラ壁である。かつての火山噴火とそれに伴う沈降現象によって形成されたものだ。このカルデラに囲まれた海は外海の荒波から守られた上に、陸地からすぐに水深が大きくなるため、垂水市付近ではカンパチなどの養殖が行われている。防波堤に守られた港に舫い綱でつながれた漁船ではなく、海面に密集して停泊する漁船という、他ではあまり見られない景観はこのような地形によってもたらされたものだ（図6）。

この巨大噴火は南九州一帯に火砕流と火山灰によるシラス台地を作り上げた。

図5　姶良カルデラのカルデラ壁
垂水市牛根麓付近より著者撮影

図6　海上に停泊する漁船
垂水市牛根付近より著者撮影

鹿児島市街地周辺はほぼ同じ高さに平坦面を持つ台地が取り囲んでおり、その上部は多くが新興住宅団地として開発されている。この姿も見慣れたものであるが、同じくらいの高さにそろった地形というものも、考えてみればおかしな地形である。高さがそろっているのはやはり理由がある。これは同じ火山活動によって低いところが埋め立てられたため、土砂が谷底を埋め尽くすときと同じように同じくらいの高さに平坦面ができているのだ。このシラス台地は水はけがよく、崩れやすい地質であるため、やはり急崖に囲まれた地形となっている。

③鹿児島のデビルズタワー——蔵王岳

九州自動車道を溝辺鹿児島空港から加治木ジャンクションに向かって走っていくと、長い下り坂を下っていよいよ鹿児島湾と桜島が見え始める地点から奇妙な地形が見られる（図7）。まるで映画『未知との遭遇』に出てきたアメリカのデビルズタワーのようなこの山は、蔵王岳である。

蔵王岳はデビルズタワーと同じ火山岩頸と呼ばれるもので、地下のマグマが地表に向かってせり上がったまま冷え固まってできた岩塊である（町田他、二〇〇一）。本来はその周辺に別の地質が取り巻いていたが、浸食によってそれらが取り除かれ、頸のような形の岩塊が露出したもので

図7　蔵王岳
始良市加治木町付近より著者撮影

である。

なぜこの地点にマグマが上がってきたのかについては、やはりプレートの活動が関係している。鹿児島周辺を形成している琉球弧の内側には沖縄トラフが存在している。これはトラフという名前ではあるが南海トラフとは成因が異なり、東北日本弧の日本海側に存在する大和海盆や日本海盆に対応するものである。大和海盆などのように開ききっていないため舟状をしたトラフと呼ばれる地形を形成している。

この沖縄トラフが開いていく力によって南九州、特に鹿児島付近は東に向かって折れ曲がった地質構造をしている（図４参照）。この折れ曲がりによってできた薩摩半島の断裂にマグマが上がってきたものの一つが、この蔵王岳なのである。近くにはやはりマグマが板状にせり上がってできた龍門滝があり、ここから西に延びている火山性地形の一つには藺牟田池なども含まれる。このようなプレート活動の証拠の一つが鹿児島のデビルズタワーとも言える蔵王岳なのである。

図８　桜島の姿
志學館大学より著者撮影

④桜島—その山裾

桜島は鹿児島を代表する景観を形成している。人口六十万の都市のすぐそばに活発な火山が存在しているというだけでも特異な地形といえる。桜島は様々なところで図案化され、多くは北岳と南岳の二つの山頂が並び立ち、その両側はなだらかな稜線を描く。しかし、鹿児島市側から桜島をよく見てみると、北側の斜面に段差があることに気づく（図8）。なぜそのような段差ができているのだろうか。

桜島は安山岩質の溶岩を主体としている。安山岩質の溶岩は粘り気を持ち、ゆっくりと分厚い溶岩流となって舌状の平面型を形成する。写真に見られる段差よりも上は溶岩流が流れた跡であり、例えるならば蜂蜜の瓶を倒して流れ出した蜂蜜が盛り上がりを持ったまま固まったような形をしている。これを溶岩台地という。

これに対して段差よりも下の稜線は扇状地である。火山灰などの火砕物を多く噴出する火山では、水を含みやすく、植物の根などによって固定されていない土砂によって土石流が頻発する。火砕流や土石流は扇状地を形成し、きれいな等高線を描くなだらかな地形を形成する。

⑤種子島と屋久島―隣り合う対照的な島々

大隅半島の南に浮かぶ種子島と屋久島は、近いところでは二〇キロも離れていない、非常に近い島々である。しかしこれらの島々を地図で確認すると種子島は細長い形をした平坦な島であるのに対して、屋久島は丸い形をした非常に起伏に富む島である（図9）。種子島も屋久島も、島弧の地形配列から見ると琉球弧の外弧に属している。どちら

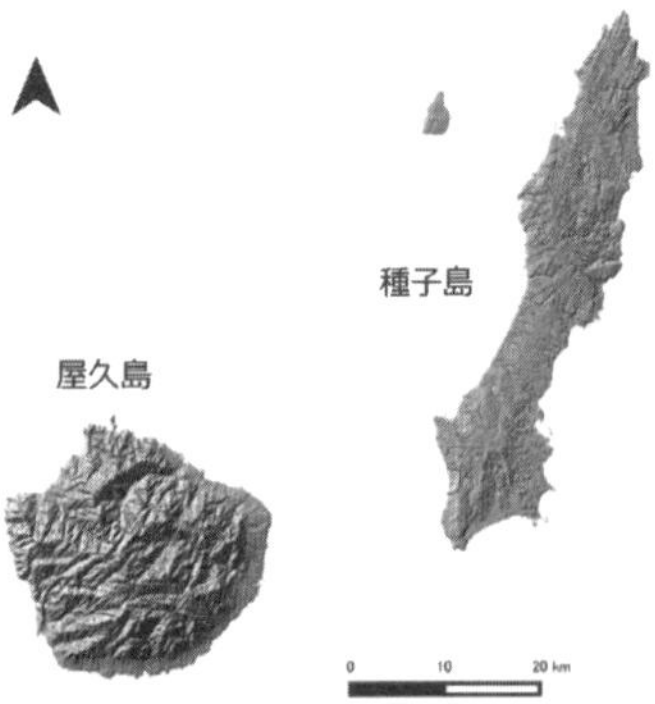

図9　種子島と屋久島
基盤地図情報5mメッシュより作成

も火山を持たず、隆起によって形成された島である。それにもかかわらず、種子島は最高標高点が二八二メートルであるのに対して屋久島は一九三六メートルという九州地方最高峰の宮之浦岳を含んでいる。このような近くに存在するにもかかわらず、これほどにも対照的な地形をしているのはなぜなのだろうか。

種子島はフィリピン海プレートがユーラシアプレートに沈み込むことによって隆起した四万十層群を主体とする海成堆積物によって形成されている。そのためプレートの沈み込みのラインに平行した方向の細長い形状をしている。島内の海に近い地点では浸食作用によってあらわになった海成層である砂岩層の路頭を見ることができる（図10）。水平な地層が持ち上げられ、海の作用によって浸食されることによって数段にわたる海成段丘が発達している。そのため地形は主に段丘の平坦面と段丘崖の二つの要素で構成されており、高台から見渡してみると水平な地形の広がりを確認することができる。そのような段丘状の平坦面を利用してサトウキビやサツマイモなど

図10　種子島の海成段丘
南種子町付近にて著者撮影

図11　段丘上の安納芋畑
西之表市付近にて著者撮影

の栽培を行う農業が発達している（図11）。

一方で屋久島は地下奥深くで生成されたマグマがゆっくりと冷え固まった花崗岩の巨大な岩塊を主体としている。やはりフィリピン海プレートの活動によって隆起したものではあるが、花崗岩の岩塊が地層の中から押し出されるように海上にせり上がったものが屋久島の主要部分をなしているため、海岸線が円形を描いている。島の中央部は花崗岩の山体であり、非常に急峻な山地となっている（図12）。島の西側は日本海流などの影響で海食が進み急崖をなしているが、東側には種子島と同様に四万十層群の堆積層による平坦面が広がっている（図13）。

図 12　屋久島の山並み
屋久島町にて著者撮影

図 13　砂岩と頁岩
屋久島町にて著者撮影。プレートの圧力で褶曲している。

五、おわりに

私たちを取り巻く大地は、はじめからそのようにあるものではなく、また理由もなくそのような形をしているものでもない。何かの力によってそのように作り上げられてきたものであり、今もなお変化を続けているものなのである。

地形の成因を詳しく追究しようとすると非常に難しいもののように感じられ、また未だに解明されていないことなどにも突き当たってしまう。しかしその基本的な仕組みを学ぶだけで、身の回りにある地形がどのように形成されてきたのかということについて考えることができるようにもなる。

重要なのは、普段見慣れた景色の中に「おかしさ」を感じ、「なぜ」そのようにあるのかということに疑問を持つことである。私たちの生活はすべて大地の上に刻み込まれた地形という枠組みの中で展開されており、冒頭にも述べたように世界中の地形はどこでも唯一無二の独特のものでもある。その地形がどのように作り上げられたのか、考え、そして自ら答えを探し出していくことで、鹿児島の地形に「楽しさ」を感じることができるのではないだろうか。

（そう・たつろう　志學館大学人間関係学部講師）

【参考文献】

太田陽子他編『日本の地形6　近畿・中国・四国』東京大学出版会、二〇〇四年。

貝塚爽平『日本の地形―特質と由来』岩波新書、一九七七年。

野沢秀樹他編『日本の地誌10　九州・沖縄』朝倉書店、二〇一二年。

町田洋他編『日本の地形7　九州・南西諸島』東京大学出版会、二〇〇一年。

第四章　五感でエンジョイ！　霧島茶

竹ノ内　裕子

一、ワクワクすること

春になるとひばりがさえずり、まだ鳴く練習をはじめたばかりのうぐいすの声がきこえてきます。茶畑では冬の間休眠していたお茶の芽が目を覚まし萌芽しはじめ、成長するにつれて、茶畑の色が親葉の薄い緑色から新芽の黄緑色に少しずつ変化し、一面が黄緑色のじゅうたんになります。ちょうど摘み頃になると茶畑の畝の間を歩くだけで、若葉の香りがたちはじめます。私にとってワクワクする季節です。と同時に、茶摘みのための準備も忙しい中、次の日の朝の最低気温に気を配り、新芽が霜でやられてしまわないように、防霜施設（スプリンクラーや防霜ファン）が作動するか夜に畑の見回りをし、気のぬけない時期でもあります。

霧島市隼人町のマル竹園製茶が私の嫁ぎ先です。家族経営のお茶農家で、鹿児島空港の近くに茶畑と茶工場があり、霧島連山や飛行機を眺めながら霧島茶を栽培、収穫して、荒茶加工から仕

霧島連山と茶畑

上げ加工までを行う自園自製のお茶を作っています。「お茶は、春に摘むだけだからいいね」と声をかけられることもありますが、実際のお茶の仕事は、年に四回の収穫時期のお茶摘みと荒茶加工（一番茶：四月中旬〜〈新茶〉、二番茶：六月初旬〜〈梅雨の季節〉、三番茶：七月中下旬〜〈真夏の暑さとの勝負〉、秋冬番茶：十月中旬〜〈金木犀の香るころ〉）、収穫時期以外の管理作業（肥料、防除、耕うん、ツル取り、草取り、裾刈り、整枝……）、防霜管理、工場機械メンテナンス、仕上げ茶製造販売、経営管理と、様々です。収穫前は、たくさんの方にお手伝い頂き、黒い寒冷紗を一畝ずつ被覆します。被覆することでお茶は旨味、甘味が増し、葉の色が濃い緑色になる効果があります。そして約一週間後は一畝ずつはがしてようやく収穫です。重い寒冷紗の持ち運びは大変な仕事ですが、皆さん楽しそうにお仕事してくださり、ありがたいです。

収穫時期は、朝早くからお茶を摘み、すぐに工場に運んで、

寒冷紗被覆作業

蒸し始めたら荒茶加工が終わるまでノンストップで続きます。毎晩遅くまでの作業が二週間から三週間続くので最も忙しい時期です。

荒茶工場では、お茶の香りがいっぱいに広がります。お茶の葉を摘み取り、発酵を止めるために蒸して、揉みながら乾燥させる工程を繰り返しながら、一枚の葉が針のようにまっすぐに伸びた形になるのです。蒸してから四時間くらいで荒茶が完成します。

仕上げ工程では、荒茶をふるいにかけて、形を整え、火入れします。お茶の味や香りを決める大事な工程です。今年のお茶はどんな色、味、香りになるのか、今年のお茶を楽しみにしてくださっているお客様にお届けできることを幸せに感じながら、毎日ワクワクしながら仕事をしています。

こんな体験を自分だけのものにするのはもったいない、もっとお茶のことを知り伝えたいと、日本茶インストラクターになりました。自分が感動したお茶に関することを、小学校でのお茶とのふれあい事業、市民講座や生き生き健康講座などでお伝えしています。

二、緑茶とは

皆さんが日常生活でよく飲まれている緑茶は、煎茶と呼ばれています。煎茶として飲まれ始めたのは江戸時代のころで、お茶の歴史で見ると比較的最近のことです。十八世紀中ごろには「煎茶の祖」と呼ばれる永谷宗円《ながたにそうえん》がそれまでの釜炒り茶や碾茶製法を改良し、宇治製法（青製煎茶法）

を生み出しました。この製法によるお茶が、現在でも日本茶製法の主流となっています。

お茶の起源は諸説ありますが、中国から世界中へ広がったようです。またお茶を世界で最初に口にしたのは、本草学の始祖といわれる中国の神農帝《しんのうてい》で、山野を駆け巡りいろいろな野草を試し、毒草に当たった時にはお茶の葉を噛んで解毒したといわれています。

日本には、中国に留学していた僧侶によりお茶が伝えられました。日本最初の公式な喫茶の記録は『日本後紀』で、「八一五年に永忠が嵯峨天皇に献茶した」とあります。お茶を栽培するきっかけは一一九一年に栄西禅師が中国の宋から茶の種子を持ち帰り、福岡の背振山に茶を栽培したと伝えられています。当時はすでに各地で茶が栽培されていたともいわれています。栄西の記した日本最古の茶書『喫茶養生記』（一二一一年）には、薬としてのお茶の効能が医学書として記され、お茶文化の普及に大きく貢献しました。

最初に伝えられたお茶は、餅茶や団茶などの固形茶を砕いて煮出したお茶でした。十四世紀半ばには「抹茶」の喫茶の習慣が、寺院から、公家や武家社会に「接客のお茶」として広まりました。その後「茶歌舞伎」や「茶寄合」と呼ばれる遊興的な場で、「闘茶」（産地当ての遊び）として広まり、喫茶と料理が組み合わせされ、座敷飾りや諸道具を鑑賞する「茶の湯」が登場し、商人などにも広まっていきました。十七世紀初めには釜炒りの煎じ茶が隠元《いんげん》により伝わり、現在一般的に飲まれている煎茶は十八世紀の中ごろから永谷宗円により確立され、庶民の日常の飲み物として広がり私たちの生活に受け継がれてきたのです。

本来のお茶とは、ツバキ科の常緑樹であるチャの葉を利用して作られるもので、チャには、中国種とアッサム種があります。中国種は、葉が小さい低木で寒さに強く主に緑茶の原料となり、アッサム種は、葉が大きい高木で寒さに弱く主に紅茶の原料となります。意外と知られていないことは、同じチャから、緑茶、ウーロン茶、紅茶ができることです。摘み取った葉にいつ熱を加えるかが大切なポイントです。お茶に含まれる酵素を働かすことを「発酵」といい、その発酵を止めるために熱を加えるのです。葉を収穫してすぐに加熱すると緑茶に、時間を少しだけおくとウーロン茶に、長くおくと紅茶になります。世界では緑茶よりも紅茶の方が多く製造されていますが、日本では緑茶の製造がさかんです。全国の茶の生産では、鹿児島県は静岡県に次ぐ第二位の生産県で、鹿児島県の中でも霧島茶は、知覧茶、有明茶と並ぶお茶の産地といわれています。

三、霧島茶とは

霧島茶とは、冷涼な気候の霧島山麓で作られているお茶の総称です。霧島市では、溝辺茶、牧園茶……などが各地で生産されていましたが、合併して霧島市ができたのを機に、二〇〇七年三月に霧島市茶業振興会が設立され、皆で一丸となって全国へ、世界へブランドを推進していこうと「霧島茶」と命名されました。

霧島市においては標高約二七〇メートルから四二〇メートルの溝辺、隼人の空港周辺の台地や国分木原の台地、牧園や霧島の山間部などで栽培されています。涼しくて適度な寒暖差と朝夕の霧の発生する冷涼な気候が特徴です。このため、新芽の成長が遅く、お茶摘みの時期は遅れますが、新芽がゆっくりと成長し旨味成分が長く保たれ、上質のお茶が育ちます。そのため霧島茶は浅蒸から普通蒸のお茶の製造が多く、甘味と渋味の調和のとれた高冷地特有の山の香りのする上質なお茶であるといわれています。その茶葉は針のように伸びた濃緑から鮮緑色で、急須で淹れたお茶の水色は、透明感のある澄んだ黄金色から鮮緑色が特徴です。

お茶の品種を見ると、全国ではやぶきたが八四パーセントを占めています。鹿児島県は南の温暖な気候を利用して、「日本一早い走り新茶」が有名です。やぶきたは三五パーセントを占め、早生品種のゆたかみどり、さえみどり、あさつゆ、晩生品種のおくみどりが生産されています。霧島は鹿児島県の中では、四月中旬から新茶が始まる中間遅場地帯ですが、香り豊かな茶が生産されています。また、品種の組み合わせにより、茶期も長く、立地条件や多様な品種から作り出される、さまざまな風味の香り豊かでこくのある味を楽しむことができます。

茶摘み風景

鹿児島県の茶栽培の歴史は、十四世紀に平家の落人が、阿多白川（南さつま市）にもたらしたという説や、宇治から来た寺の住持が吉松（湧水町）の般若寺で栽培したという説があります。江戸時代に薩摩藩がお茶の栽培を奨励し藩内各地で栽培されましたが、貢租（税金）の対象とされ、藩の専売品として取り扱われたので、それほど振るいませんでした。日本の開国とともにお茶は重要な輸出品となり、国の政策により茶業は大きな転換期を迎え、花形産業となりました。

しかし、もともと自家用のお茶で、製造は釜炒日乾茶などで粗製品のために輸出が振るわず、国は方針を転換し紅茶の奨励をしましたが、他国と対抗できず、戦後もお茶の輸出は、一進一退しました。そのような中、日本の茶業は、製茶機械の開発、摘採方法の改革、品種「やぶきた」の誕生と近代化への道を歩み、茶業組合の組織化や近代化製茶技術の普及により生産量も増加しました。一九六〇年代には輸出量は減少しましたが、高度経済成長で国内の需要が高まり消費量も増え、茶業界は活況を呈しました。

大茶樹

霧島茶の茶業の起源については、霧島市にある天然記念物の大茶樹を見ても相当古くから茶が栽培されていたと思われます。霧島茶の前身である茶業も明治の初期には、溝辺や国分に茶園が造成されはじめました。また製茶伝習所なども開設され、各地区に茶業振興会が設立し、一層の技術向上がはかられました。霧島山麓での地域の特性を生かすお茶の産地づくりが盛んに進められ、茶園や茶工場が増加し「霧島茶」の発展へとつながっています。平成二十七年現在、霧島市の茶栽培農家一二六戸で、荒茶工場は五四工場あり、栽培面積は約七〇〇ヘクタールです。煎茶の生産が主ですが、今では霧島本かぶせ茶、玉露、碾茶（抹茶）、紅茶の生産も行われています。「霧島茶」という名前の歴史は浅いですが、茶の栽培の歴史は古く、全国茶品評会などで、農林水産大臣賞や産地賞を受賞するなど、霧島の地域は、良質なお茶の産地として、また茶生産者が「おいしい霧島茶を作りたい」という熱い思いを強く持って、近年成長している産地でもあります。

四、霧島茶の楽しみ方

お茶の時間――。自分のために、家族のために、お客様のために、一緒にお茶を飲む相手も様々です。ホッとするお茶の時間を持てることは、なんと幸せなことでしょう。袋を開けると、フワッと香りがします。茶缶へ移してお茶を見ると緑色のお茶、急須に入れてお湯を淹れるとまたホッとするお茶の香りが香ってきます。お茶を待つ時間、お茶を注ぐ音、さてどんな色、味、香りのお茶を淹れましょうか。

霧島茶を楽しむポイントは三つ、「色」「味」「香」です。ひと口に霧島茶といっても、「色」は深い緑色から、黄金色、黄緑色。「味」は濃い、薄い、苦い、渋い、甘い。「香り」は口に含んだ瞬間の香り、ごくんと飲み込んだ後の鼻から抜ける香りとそれぞれ違いがあります。また、仕上げ段階で分かれる部位により、粉茶、茎茶、番茶に炒った玄米をまぜた玄米茶、煎茶をすりつぶした粉末茶となります。また同じ煎茶でも品種のブレンドによって味も香りも違います。販売しているお茶屋さんの数だけ、違うお茶の味があるのです。

お茶は、淹れ方によっても味わいが違います。お湯の温度や抽出時間を変えることで、実は同じお茶でも違う味になるのです。

五、霧島茶、味（力）のフルコース

まず、「霧島茶、味（力）のフルコース」をご紹介します。これには霧島茶の中でも針のようにのびた形で、砕けたお茶が少ない煎茶が適しています。茶葉一〇グラムを急須にいれ、一度沸騰して常温に冷めた水か軟水のミネラルウォーター三〇〇ミリリットルで、十分間浸出すると甘味、旨味が強く感じられ、苦味、渋味が抑えられた味になります。この甘味、旨味の成分をテアニンといい、心と体をリラックスさせる効果があります。二煎めは、同じ急須に四〇度のぬるま湯を三〇〇ミリリットル入れて一分間浸出すると渋味がでます。渋味の成分は主にカテキンです。これは最近注目されている成分で、生活習慣病の予防や殺菌効果があり虫歯の予防ができます。三煎めは、同じ急須に熱湯を三〇〇ミリリットル入れて一分浸出すると苦味がでます。苦味の主な成分であるカフェインには眠気を覚ます効果があります。お茶のカフェインはテアニンとの拮抗作用でゆっくりと効きます。三種類の味（力）の効果を楽しみながら飲むことのできるお茶の淹れ方です。お茶の成分には、他にもフッ素やビタミンなども含まれます。お茶は体にも、心にもやさしい飲み物ですね。

お茶の味は、お茶に含まれる味の成分がどの程度お湯に溶け出すかで決まります。温度が高いとすべての成分が溶出しやすくなりますが、低いと溶け出し方に違いがでます。低温では、テアニンはよく溶け出しますが、カテキンは溶出しにくく、溶出するまでに時間がかかります。カフェインは高温ならすぐに、低温ならじわじわ溶け出します。この特性を利用したお茶を淹れるポイントは三つ、お湯の温度と量、茶葉の量、浸出時間です。これは、お茶の種類によって違います。（表1）

表1 お茶の種類による標準的な淹れ方（1人分の分量）

茶種	茶量	湯量	湯温	浸出時間
玉露上	3～4g	20ml	50℃	150秒
煎茶上	2	60	70	60～120
煎茶並	2	80	90	60
番茶	3	130	熱湯	30
深蒸し茶	2	60	70	30

六、上級煎茶のおいしい淹れ方

次に、上級煎茶のおいしいお茶の淹れ方をご紹介します。上級煎茶の場合、旨味や甘味を楽しめるように淹れるのがポイントです。熱いお湯では苦くて渋い味、ぬるくて時間が短いとぼやけた味になります。約七〇度で淹れると甘味の中に渋味と苦味が程よく感じられ、おいしいお茶を愉しむことができます。

まず、人数に適した茶器を用意します。次に大切なことは「お湯の温度と量」です。必要な数の湯呑みに八分目（六〇ミリリットル）までお湯を淹れます。これで必要なお湯の量を量ること、お湯を冷ますこと、湯呑みを温めることができます。やかん一〇〇度→ポット九〇度→湯呑み八〇度↓七〇度になるまで冷まします。（一カ所移す毎に約一〇度下がります）。湯呑みを持った時に熱いけど持てるのが七〇度、と覚えておくと便利です。次のポイントは「茶葉の量」です。上級煎茶の場合、ティースプーン一杯約二グラムが一人分です。七〇度に冷ましたお湯をすべて急須に入れて、蓋をして六十秒おきます。浸出時間の目安はお湯の中でお茶の葉が七～八分目開いたぐらいです。この時急須を揺すったりせずに静置してださい。次に回し注ぎ（お茶の濃さや量が一定になるように、数回ずつ注ぎ分ける）をします。そして大切なのは、最後の一滴まで注ぎきるということです。最後の一滴には美味しさが一番詰まっています。

「はいどうぞ。上品な香りと金色透明の霧島茶がはいりました。おいしいお菓子やお漬物とともにお召し上がりください」

七、霧島茶を通して広がる縁と縁を結ぶ

霧島茶は道の駅や、スーパーのファーマーズコーナー、お茶農家の直売店に行くと手に入ります。品種茶をブレンドして、マイブレンド茶を作るのも楽しいかもしれません。基本的なマイブレンド茶の作り方は、自分の好きな、味、香り、色のものを三種類そろえて、お好みの割合でブレンドします。お茶の楽しみ方はたくさんありますが、自分の好きなお茶を淹れられるようになるために、何度も淹れてみることも必要です。

鹿児島空港の霧島市観光協会の霧島市ＰＲブースでは九軒の霧島茶農家のお茶を急須で丁寧に

霧島散歩茶器

いれ、無料で試飲できるコーナーがあり、生産者が県内外の方に霧島茶の魅力を直接ご紹介する機会を頂いています。また霧島茶を愛する歌手の隼人加織さんが、霧島茶が「いつでもどこでも飲める茶器を」と、入れ子式の茶器を発案し、霧島の窯元の紅葉窯《こうようがま》さんと制作してくださいました。そして霧島茶の女性農業者の方々からの意見を参考に改良を重ねて、持ち運びに便利で茶殻の始末もしやすい「霧島散歩茶器」を完成させました。隼人在住の竹籠職人の長等《ちょうひとし》さんに、持ち運びしやすいオリジナルの竹籠を制作して頂き、素敵な茶器セットになりました。この「霧島散歩茶器」の作成を機に霧島茶を生産している女性農業者有志で霧島茶をPRするグループ「霧島茶　結楽の会」が結成され、まず自分たちが愉しみながら、霧島茶、鹿児島茶、日本茶の良さを広める活動をしています。

八、五感でエンジョイ！　霧島茶

霧島茶の魅力は、五感で楽しめることです。色、味、香り、

霧島茶 結楽の会のメンバー

温かいお茶、冷たいお茶、生活の場面に応じたお茶を淹れることにより、コミュニケーションが生まれます。「お茶にしましょう」とだれかを誘って、たまにはピクニック気分でお茶を愉しめば、きっと楽しい語らいの場が生まれるでしょう。私も茶畑から皆様においしいお茶が届けられる幸せを感じながら、お茶の時間を大切にしていきたいと思います。皆様も「霧島茶」をどうぞお楽しみください。

（たけのうち・ゆうこ　日本茶インストラクター）

【参考文献】

鹿児島県茶業振興連絡協議会編『鹿児島県茶業史』鹿児島県茶業振興連絡協議会、一九八六年。
日本茶検定委員会監修『日本茶のすべてがわかる本』農文協、二〇〇八年。

第五章　太陽が作る宇宙の天気
―宇宙の入り口鹿児島から太陽を見る―

篠原　学

一、宇宙の天気とは

鹿児島県は、日本の主力ロケットであるH―2A、H―2Bロケットを打ち上げる種子島宇宙センター、そして、新型のイプシロンロケットを打ち上げる内之浦宇宙空間観測所と、大型ロケットの発射場を二カ所も持つ、日本で「最も宇宙に近い県」です(図1)。一九七〇年の日本初の人工衛星「おおすみ」以来、数多くの人工衛星が鹿児島県から打ち上げられてきました。

現代の私たちの暮らしは、様々な人工衛星によって支えられています。それは、気象観測、地上観測、通信、放送、測位、宇宙探査など、多くの分野に広がっていて、もはや人工衛星の

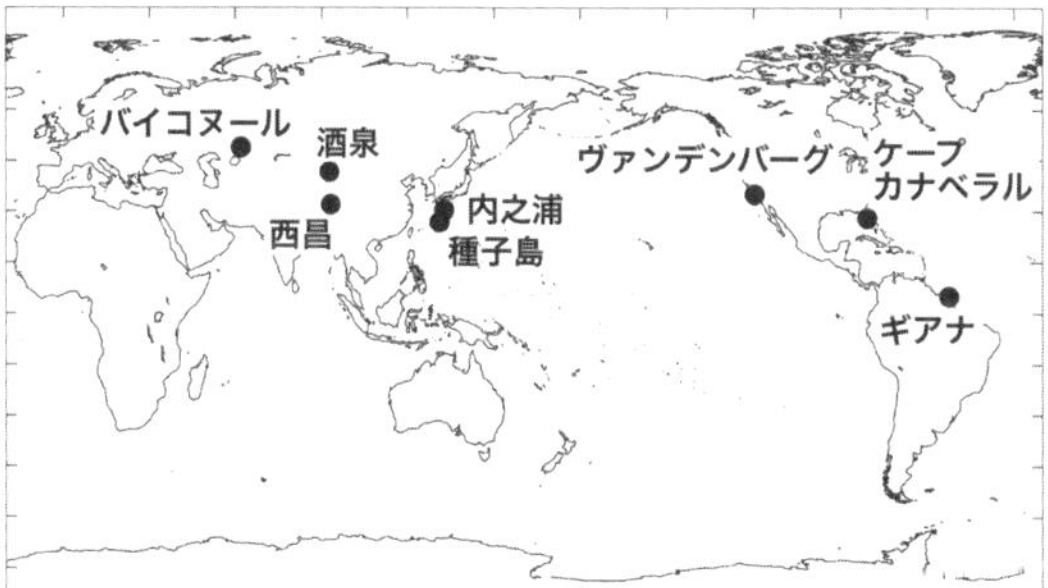

図１　世界の代表的な大型ロケット発射場
（筆者作成）

ない生活は想像できないほどです。

その人工衛星たちが飛行している宇宙空間は、真空で冷たい何もない場所ではなく、目には見えないものの、電磁気的な環境の変化が日々発生していて、人工衛星に様々な影響を及ぼしています。この環境変動を、「宇宙天気」とよんでいます。

宇宙利用の進んだ現代の私たちは、地上の天気と同じように、宇宙の天気も意識して生活しなければいけない時代を迎えています。

二、太陽と宇宙天気

「宇宙天気」の様々な変化を起こしているのは、「太陽」です。太陽は、直径は地球の一〇九倍、体積は一三〇万倍に及ぶ巨大な天体です。ほとんど水素とヘリウムで構成されていますが、とても高い温度のため、これらの物質は「プラズマ」とよばれる、正の電気を持つ原子核と、負の電気を持つ電子がばらばらになって混ざり合った、電気の混合気体になっています。

太陽の中心部は、一五〇〇万度と非常に高温で、かつ高密度になっています。水素原子をヘリウム原子に変える核融合反応を起こすことにより、莫大なエネルギーを作りだし、太陽系全体に光のエネルギーを届けています。その強度はとても安定していて、数十年という長期間の観測を行っても、変化は〇・一パーセント程度しかありません。これでは、宇宙天気と名付けるほどの環境変化は起きません。宇宙天気に関わるのは、太陽の光ではなく、直接目にすることは困難ですが、太陽の磁気変化なのです。

太陽の磁気変化の現れのひとつは、太陽の表面に発生する「黒点」です（図2）。大きいものになると地球数個分もの広がりに達する黒点は、可視光線で見ると周囲よりも暗くて、地味な印象を受けますが、X線などの特殊な光で観測すると、周囲よりも明るく目立っていて、時々、爆発を起こして非常に明るく輝くこともあるとても活動的な領域です。

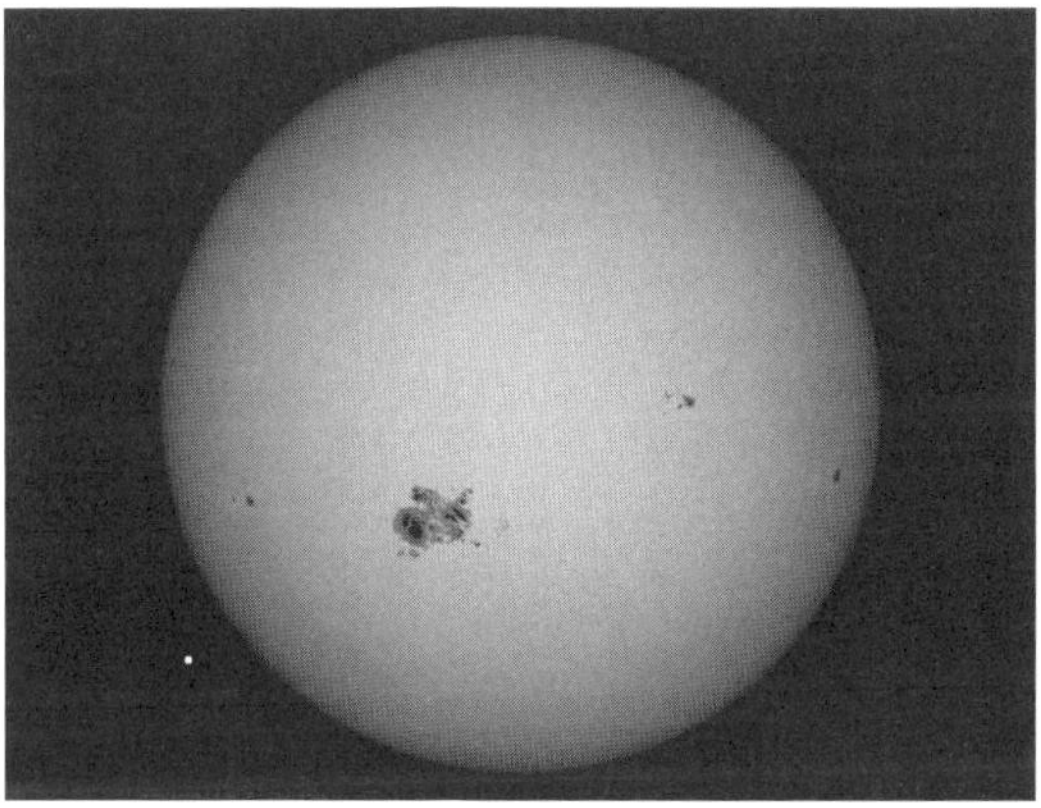

図2　太陽に出現した巨大な黒点。太陽の左下の白丸は地球の大きさ。2014年10月22日、SDO衛星の可視光カメラによる撮影。 Courtesy of NASA/SDO and the AIA, EVE, and HMI science teams.

黒点は、太陽内部に存在する強い磁場が、磁気浮力のために局所的に浮き上がり、表面から飛び出してしまった領域です。強い磁場は、太陽の内側のガスの対流を妨げるので、太陽の中心部から湧き上がってくる熱は、表面まで伝わりにくくなります。こうして、黒点周辺の温度が下がってしまうのです。太陽表面の温度は、平均で六〇〇〇度ほどありますが、黒点の周囲は四〇〇〇度と低くなっています。こうして、発する光が弱くなってしまい、黒点は周囲よりも暗く見えるようになるのです。

一方、強い磁場を持つ黒点は、磁気のエネルギーを蓄えた危険な領域と言うこともできます。規模の大きい黒点になると、磁場の構造が複雑に絡

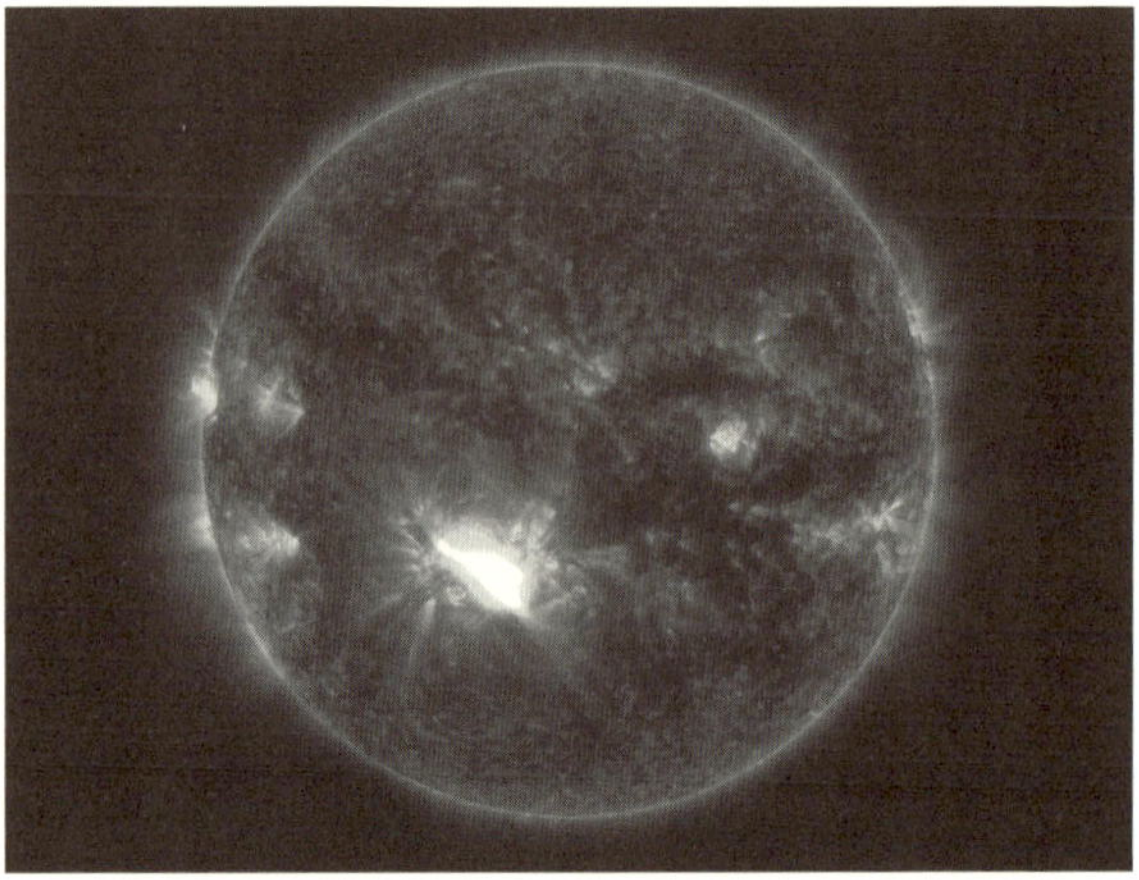

図3　図2と同じ2014年10月22日に、太陽で発生した大規模フレアの瞬間。SDO衛星の特殊なカメラ（AIA131）による撮影。図2の黒点の部分が明るく輝いている。
Courtesy of NASA/SDO and the AIA, EVE, and HMI science teams.

み合って、とても大きなエネルギーを蓄えることがあります。複雑になった磁場の構造は、ある時、「つなぎかえ」という現象を起こして、そこに蓄えていたエネルギーを爆発的に放出し、黒点周辺の太陽のガスを数千万度に加熱し、勢いよく吹き飛ばすのです。太陽系で最大の爆発現象「フレア」です。

　フレアが発生した時の太陽は、目に見える光、可視光線ではほとんど変化は分かりません。しかし、特別な光、Ｘ線で太陽を観測すると、太陽の明るさが急に一〇倍や一〇〇倍に強まります（図3）。変化が激しい場合は、一〇〇〇倍に強まることもあります。フレアという爆発現象は、これほど激しいのです。

　Ｘ線は大気が吸収してしまうため、地上ではこの変化を観測することができません。そこで、人工衛星を使って太陽のＸ線強度を連続的に観測し、フレアの発生を捉えます。アメリカの気象衛星ＧＯＥＳは、長年にわたってこの役割を果たしていて、ＧＯＥＳ衛星が測ったＸ線強度の値を基に、Ａ、Ｂ、Ｃ、Ｍ、Ｘ、と、フレアの規模（Ｘ線の最大強度）を、五つのクラスに分けて

郵 便 は が き

料金受取人払郵便

鹿児島東局
承認
005

差出有効期間
2022年1月
31日まで
切手を貼らずに
お出し下さい

892-8790

168

鹿児島市下田町二九二―一

図書出版
南方新社 行

氏《ふりがな》 名		年齢 歳 男・女
住 所	郵便番号 ―	
Eメール		
職業又は学校名		電話(自宅・職場) ( )
購入書店名(所在地)		購入日 月 日

書名　(　　　　　　　　　　　　　　)愛読者カード

本書についてのご感想をおきかせください。また、今後の企画についてのご意見もおきかせください。

本書購入の動機 (○で囲んでください)

A　新聞・雑誌で　(　紙・誌名　　　　　　　　　　)
B　書店で　C　人にすすめられて　D　ダイレクトメールで
E　その他　(　　　　　　　　　　　　　　)

購読されている新聞, 雑誌名

新聞　(　　　　　　　　)　雑誌　(　　　　　　　　)

直 接 購 読 申 込 欄

本状でご注文くださいますと、郵便振替用紙と注文書籍をお送りします。内容確認の後、代金を振り込んでください。(送料は無料)

書名		冊
書名		冊
書名		冊
書名		冊

表しています。簡単に考えると、A、B、Cは小規模、Mは中規模、Xは大規模と区分することができ、地球に影響を及ぼすのは、Xクラスのフレアが中心となります。

フレアの発生回数は、太陽が活動的な時期では、Cクラスは一年間に二〇〇〇～四〇〇〇回程度。Xクラスは、一年間に二〇～四〇回程度です。このように、小さいものまで含めると、フレアは日常的に発生している現象（平均一日に一〇回程度）で、特に珍しくはないのですが、地球への影響を考慮しなければならないような規模の大きいフレアになると、年に一〇回程度と少なくなります。さらに、記録的な激しい爆発になると、数年～十数年に一回という頻度です。この規模になると、地球にも激しい影響を及ぼす可能性が高く、二〇〇〇年七月のバスティーユ・イベント、二〇〇三年十～十一月のハロウィーン・イベントなど、特別にニックネームを与えられることもあります。

また、太陽では「フィラメント噴出」という爆発現象も起きています。これは、磁場の力によって太陽のガスが持ち上げられ、そのまま勢いよく太陽から飛び出していく現象です。

太陽の端に注目すると、明るいガスがループ状に浮かび上がって見える「プロミネンス」が、あちこちに見られます（図4）。このガスの帯は、太陽の中側に入ると、むしろ太陽表面の明るさを隠すことになって、黒い帯として見えるようになります。このことから、正体は同じプロミネンスなのですが、「ダーク・フィラメント」とよばれるようになります。このガスが太陽を飛び出して、フィラメント噴出を起こすのです。

フレアやフィラメント噴出などの爆発現象が発生すると、太陽のガスが太陽から勢いよく飛び出すことがありますが、実は、太陽からは常にガスが流れ出していて、「太陽風」という風を作っています。

太陽の周囲には、「コロナ」とよばれる太陽の大気にあたる層があります。この領域のガスの温度は、およそ一〇〇万度と、太陽の表面温度をはるかに凌ぐ高い温度を持っています。これは、お風呂に喩えてみると、湯船のお湯の表面温度は四〇度程度なのに、そこから立ち上る湯気の温度が一万度に達しているというような不思議な状況で、コロナをどうやってここまで加熱するかという問題は、太陽研究の重要なテーマにもなっています。

図4　磁気の力で太陽から浮かび上がったプロミネンス。2014年6月15日、SDO衛星の特殊なカメラ(AIA304)による撮影。 Courtesy of NASA/SDO and the AIA, EVE, and HMI science teams.

さて、ガスが非常に高温ということは、コロナを構成する粒子が、とても高い速度で飛び回っているということを意味します。このため、コロナの粒子は太陽の重力を振り切ってしまい、自ら宇宙空間に流れ出して行くことができるのです。こうして、日常的な太陽ガスの流出、太陽風が作られるのです。

地球付近を通過する時の太陽風の平均的な速度は、およそ秒速四〇〇キロです。これは、三秒もあれば鹿児島から東京へ着いてしまうほどの速さです。太陽から地球までは一億五〇〇〇万キロの距離がありますが、太陽風はおよそ四日で地球までやって来る計算になります。

一方、太陽風は、風とは言ってもほとんど真空に近く、私たちが宇宙空間に行って手をかざしても、何も感じることはできません。例えば、地球を飛び出して太陽風の中へ行き、五〇〇ミリリットルのペットボトルの口を開けて太陽風を詰めて持ち帰ったとすると、ボトルの中には水素の原子核である陽子が、たった一〇〇〇個くらいしか入っていません。頑張れば、一個一個数えられそうな数字です。同じことを地上の大気で行うと、ペットボトルには窒素や酸素の分子が、およそ一〇〇垓《がい》個（10の22乗個）も入ってしまいます。太陽風は、風とは言っても地上ではとても作り出せないほどの真空状態でもあるのです。

そんな超希薄な風ですが、太陽全体で考えると、一秒毎に一〇億キログラムという膨大な質量が流れ出しています。高い速度を持っているので、太陽風は、大きな運動エネルギーを運び出していることになります。手のひら程度の小さい面積では何も感じることのできない太陽風ですが、地球サイズで巨大な手を広げて風を受け止めると、大きなエネルギーが地球に流れ込み、様々な影響を作り出すことになるのです。宇宙スケールの風力発電と言ってよいかもしれません。

さて、フレアによって太陽のガスが激しく噴き出すと、太陽風の速度は、秒速六〇〇〜八〇〇キロと通常の一・五〜二倍に高まることがあります。更に大規模なフレアが発生した場合は、一気に秒速一〇〇〇〜二〇〇〇キロに達する暴風になることもあります。こうなると、猛烈な太陽風は、太陽から地球までたった一日でやって来ます。二〇〇三年十一月に発生した、十年に一度というような記録的な大フレアの爆発では、太陽風は地球までたった二〇時間でやって来ました。そして、猛烈な嵐を地球にもたらしています。

三、地球と宇宙天気

一億五〇〇〇万キロの距離を越えて、太陽から地球まではるばるやって来た太陽風ですが、太陽風と地球が直接ぶつかることはありません。地球は、周囲の宇宙空間に「磁気圏」とよばれる縄張りを広げていて、この磁気圏が太陽風を受け止めるからです。

登山の時に、私たちは方位磁石を使って方角を確認します。最近は、スマートフォンの地図アプリでも東西南北を表示してくれますが、これは、地球内部で地球自身が作り出している固有磁場の方位を利用しています。現在の地球では、北極側にS極があり、南極側にN極があります。このため、地表で磁石を水平に置くと、磁石のN極は北極側に、S極は南極側にそれぞれ引き寄せられるので、方角を知ることができるのです。

地球の固有磁場は、地表だけでなく、大気圏を飛び出して宇宙空間へも広がって行きます。そして、地球磁場の影響が及ぶ領域、「磁気圏」を作るのです。もし、宇宙に地球しかなければ、地球の磁場は、次第に弱まりながらも、どこまでも広がって行くでしょう。しかし、太陽から流れてくる太陽風がこれにぶつかって互いに押し合いをするので、力がつり合った場所に境界面ができあがります。その内側が磁気圏、外側は太陽風の領域です。

広がろうとする磁気圏と太陽風が正面衝突するのは、地球から見て太陽の方向だけです。およそ地球半径の一〇倍くらい離れた宇宙空間で力がつり合います。一方、太陽と反対の方向では、太陽風は地球を通り過ぎて、さらに遠ざかる方向に進んでいるため、磁気圏は太陽風とぶつかるのではなく、吹き流されるように一緒に引き延ばされて行きます。そして、地球半径の一〇〇倍以上にわたって、細長く吹き流しのように伸びるのです。

太陽のガスは、プラズマという電気の粒の混合気体になっていますが、このガスが太陽風として太陽から飛び出す時、一緒に太陽の磁場を運び出す性質があります。プラズマは、磁場ととても相性が良いのです。そして、太陽風が地球の磁気圏と衝突する時、その後の磁気圏の変化は、太陽風が運んできた磁場が、地球に対してどちらの方向を向いているかによって大きく変わります。

磁石の周囲に磁場が広がる様子は、磁力線を使って描くことができます。磁力線は、磁石のN極から湧き出て、周囲の空間に大きく広がって行きます。そして、次第にS極に近付くように曲がって行き、S極に吸い込まれて磁石に戻ります。この時、磁力線の上をN極からS極へ向かう方向に、磁場の向きを示すことになっています。

地球の固有磁場は、南極側にN極、北極側にS極があるため、磁力線は、南極から地球を飛び出して南半球側の宇宙空間に広がり、赤道面を横切って北半球側に進み、北極へ集まって、地球に吸い込まれて戻ります。このため、磁気圏の赤道付近の磁力線の広がり方を見ると、磁場は南から北へ向かって伸びていることになります。

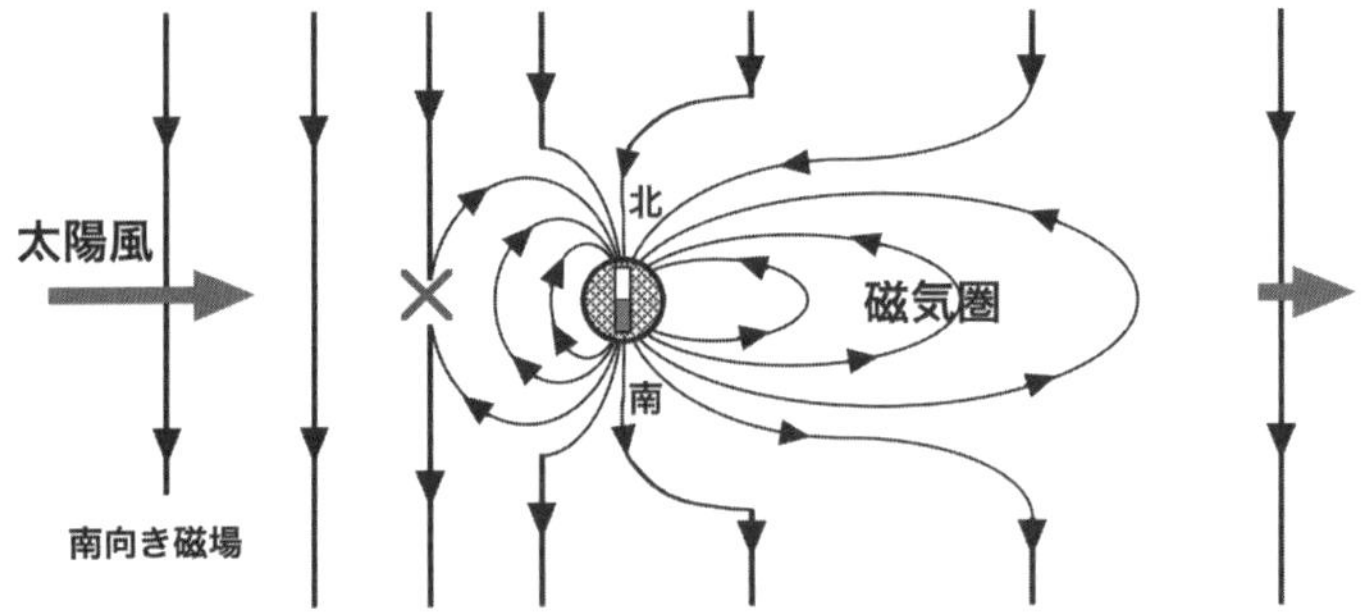

図５　太陽風の南向き磁力線と、地球の磁気圏の磁力線が「つなぎかえ」を起こす（×印）と、磁気圏にエネルギーが流れ込む（筆者作成）。

ここに、太陽から磁場を運んできた太陽風がぶつかります。この時、太陽風の磁場が、地球の磁場と同じ北を向いていると、両者がぶつかっても特に変化は起きず、太陽風は地球の磁気圏に弾かれてしまって、地球の横を通り過ぎて行きます。

一方、太陽風の磁場が、地球の磁場と反対向きの南向きになっていると、太陽風と磁気圏がぶつかったとき、互いに反対を向いた磁力線どうしが混ざり合い、「つなぎかえ」という融合を起こします。そして、地球から伸びる磁力線が、そのまま太陽風の磁力線に繋がってしまう変化が発生します。局所的に地球の磁場と太陽の磁場が一体化するのです。すると、繋がった磁力線を通り道として、太陽風が運んできたエネルギーが、地球の磁気圏の内部に流れ込むのです（図５）。

流れ込むエネルギーの大きさは、太陽風の速度や南を向いた磁場の強さによって変わります。太陽風の速度が高ければ、太陽風が持っているエネルギーはより大きくなり、磁気圏へより大きな影響を及ぼす可能性が出てきます。しかし、エネルギーが磁気圏に流れ込むかどうかを決めるのは、太陽風の磁場の状態です。これが北を向いていると、エネルギー流入回路のスイッチは入らず、大きなエネルギーの流れ込みは発生しません。反対に、南を向くとスイッチが入って、エネルギーの流れ込みが始まります。そして、磁場が南向きに強まれば、流れ込みの効率は更に高まって、より大きなエネルギーの流入に繋がるのです。

たとえば、台風が近付いて来た時の家の中を考えて下さい。台風が近付くほど風速は上がり、家の外は強い風でものすごいことになるでしょう。それでも、家の窓がしっかり閉まっていれば（磁場が北を向いていれば）、家の中に風が入ることはなく、屋内は穏やかに過ごせます。しかし、窓にすき間ができると（磁場が南を向くと）、そこから風が入り込んで家の中を乱します。窓がより広がれば（南向きの磁場が強まると）、外の暴風はどんどん入り込んで家の中は大変な事になるでしょう。太陽風と磁気圏の関係も、これに近い状況なのです。

磁気圏に流れ込んだエネルギーは、地球の夜側に細長く伸びた磁気圏の尾部に溜まります。やがて、そこでも爆発現象が発生して、磁気圏の中にある粒子が地球の北極や南極に降り注ぎます。降り注ぐ場所を決めているのも、地球の磁場です。磁気圏の中にある粒子たちは、太陽のガスと同様に電気の流体であるプラズマの状態になっています。電気的な性質を持つ粒子は、周囲の磁場から電磁気的な力を受けるため運動に制約が働き、結果的に磁力線に沿った動きをしやすくなります。磁気圏の奥深くで動き出した粒子たちは、磁気圏の磁力線に沿って進み、地球の北極域と南極域に向かって移動する事になるのです。

そして、途中で加速を受けながら磁気圏から降り注いで来た粒子は、地上からおよそ一〇〇～三〇〇キロの高さの大気圏の粒子（窒素や酸素など）に衝突して、大気の粒子にエネルギーを与えます。エネルギーを受け取った大気の粒子たちは、受け取ったエネルギーを周囲に放出するために発光現象を起こします。これが「オーロラ」です。長い道のりになりましたが、極域の夜空を飾るオーロラの光は、太陽から出発したエネルギーの流れの、ひとつの終着点なのです。

四、私たちと宇宙天気

近年、秋から春にかけて、たくさんのオーロラ観光ツアーが催され、北極圏の各地へ多くの人々が出かけています。有名なオーロラ観光地としては、アラスカのフェアバンクス、カナダ中央部のイエローナイフ、北欧のフィンランド、スウェーデン、ノルウェーの各地、さらに、アイスランドという選択肢もあります。

これらの名所が北極域に集中しているのは、オーロラを作る電気の粒子の降り注ぐ通り道が、磁気圏の磁力線の形によって大まかに決まっているためです。それは、磁気的な北極点や南極点よりも少し緯度の低い地域、磁気緯度で表すと、六〇～七〇度くらいになります。ここをオーロラ帯とよんでいます（図6）。これ以上極点に近づいても、または、低い緯度に下がっても、オーロラの見える確率は下がってしまいます。

オーロラは、北半球だけでなく南半球にも現れます。しかし、南半球のオーロラ観光好適地は、南極大陸と海の上なのです。南極大陸では、昭和基地が絶好の場所にあります。行くことは難しいですが、最後に紹介する「お薦めページ」の全天カメラを見れば、日本にいながら南極のオーロラを眺めることができます。インターネット時代ならではの楽しみ方です。また、最適地からは離れてしまいますが、ニュージーランドからオーロラ観望に挑戦することも可能です。

　北極や南極の空でオーロラが激しく輝いている時、高度数百キロの宇宙空間では、電気を帯びた粒子の雨が、磁気圏から大気圏へ向かって大量に降り注いでいます。この高度域は、様々な人工衛星の軌道としても利用されています。飛行中の人工衛星にオーロラの雨が降り注ぐと、人工衛星に電気が溜まって、回路を故障させたり、電子機器を誤動作させたりします。二〇〇三年十月の激しいオーロラの嵐では、「みどり2号」という日本の地球観測衛星が電源系に損傷を受けて、完全に機能を停止するという事故が起きています。

　また、オーロラの発生中は、高度一〇〇キロほどの上空に、強い電流が流れます。この電流の変化は地上に誘導電流を作るので、長距離を伸びる送電線や信号線、パイプラインなどに不測の電流が流れて、事故を起こすことがあるのです。オーロラの見える地域から遠い日本では、大きな影響はありませんが、緯度

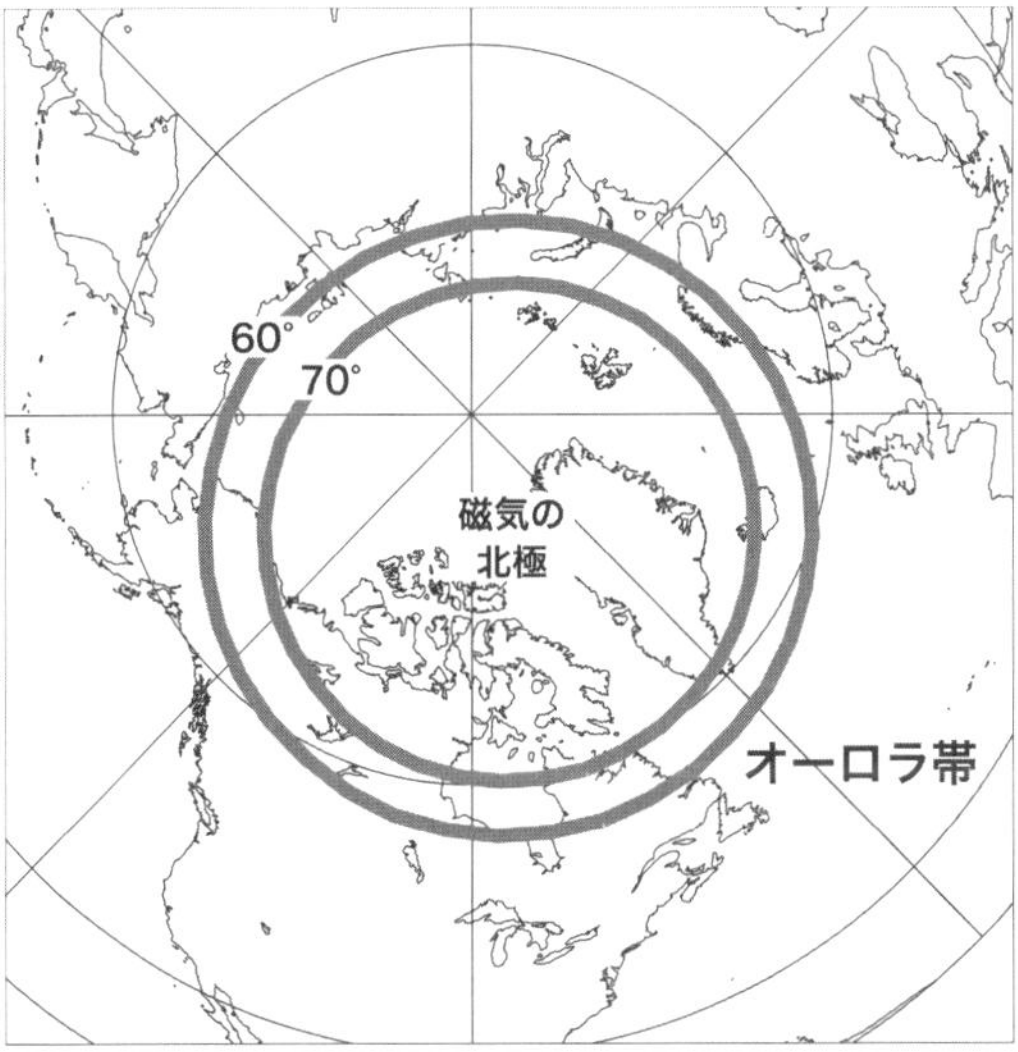

図６　磁気緯度 60 ～ 70 度（２本の円）の間は、オーロラの出現確率が高いため、「オーロラ帯」とよばれる（筆者作成）。

の高いカナダや北欧では、大規模な太陽の爆発によって、大規模な停電事故が起きたり、列車の衝突事故が起きたと考えられる例が報告されています。

宇宙天気が影響するもっと身近な例として、GPSによる測位も挙げられます。GPSは、人工衛星の信号を地上で受信して行いますが、このとき、宇宙天気の乱れの影響を受けて、誤差が大きくなることがあるのです。カーナビの地図利用程度であれば、多少誤差があっても問題ありませんが、今後、自動運転などでより精密な誘導を行うようになると、無視できない影響を受けるようになります。電子機器の高度利用や精密化は、一方で、宇宙天気のような環境変動に敏感になってしまうのです。

これまで宇宙天気は、極域の夜空を彩るオーロラのように、不思議な現象ではあっても、人類に影響を及ぼすような激しい自然現象ではありませんでした。しかし、科学技術の進歩とともに、私たちの暮らしが宇宙天気から影響を受けるように変化したのです。そして、今や「宇宙天気予報」という危機回避を含めた応用研究が必要な時代を迎えているのです。

（しのはら・まなぶ　鹿児島工業高等専門学校教授）

【参考資料】

◉太陽に関するお薦めのホームページ

・現在の太陽を見る。ＳＤＯ衛星

http://sdo.gsfc.nasa.gov/data/

・太陽ガスの噴出が見えるかも。ＳＯＨＯ衛星

http://sohowww.nascom.nasa.gov/data/realtime-images.html

◉オーロラに関するお薦めのホームページ

・世界から最新のオーロラ写真。Spaceweather.com

http://spaceweathergallery.com/aurora_gallery.html

・南極・昭和基地の全天カメラ（3月〜9月）。国立極地研究所

http://polaris.nipr.ac.jp/~acaurora/aurora/Syowa/

◉宇宙天気に関するお薦めのホームページ

・「…50のなぜ」シリーズ。名古屋大学宇宙環境研究所

http://www.isee.nagoya-u.ac.jp/outreach.html

・宇宙天気ニュース（筆者が運営しています）

http://swnews.jp

■執筆者紹介

中河 志朗（なかがわ・しろう）
一九四七年、徳島市生まれ。和歌山県立医科大学卒業。元鹿児島大学大学院医歯学総合研究科教授。鹿児島純心女子短期大学で非常勤講師。職場健診事業の非常勤医師。著書に『人体解剖学実習書』（編著、金芳堂）。

植村 紀子（うえむら・のりこ）
一九六三年、鹿児島市生まれ。鹿児島女子大学（現・志學館大学）卒業。日本児童文学者協会会員、同鹿児島支部「あしべ」同人。『鹿児島ことばあそびうた』（石風社）、『大地からの祈り 知覧特攻基地』（高城書房）など。

宗 建郎（そう・たつろう）
一九七四年、長崎県生まれ。九州大学人文科学府博士課程退学。柳川市史編さん係嘱託職員の他、福岡市史編さんなどに関わり、ＧＩＳを活用した地域研究を専門とする。二〇一三年より志學館大学人間関係学部講師。

竹ノ内 裕子（たけのうち・ゆうこ）
一九六八年、愛知県生まれ。鹿児島大学農学部卒業。鹿児島県農業改良普及員を経て、現在マル竹園製茶（霧島市）に勤務する。二〇〇三年日本茶インストラクター鹿児島県支部女性グループ「茶愉の会」結成。同始良支部「霧茶愛の会」会長。霧島茶女性グループ「霧島茶 結楽の会」会長。

篠原 学（しのはら・まなぶ）
一九六四年、福岡市生まれ。九州大学大学院理学研究科物理学専攻博士後期課程退学。名古屋大学太陽地球環境研究所、情報通信研究機構、九州大学宇宙空環境研究センターの非常勤研究員を経て、二〇〇九年より鹿児島工業高等専門学校一般教育科教授。著書『宇宙天気―宇宙の天気予報はできるのか？』（誠文堂新光社）。

隼人学ブックレット2
五感で学ぶ地域の魅力

二〇一七年三月二十五日　第一刷発行

編　者　志學館大学生涯学習センター
　　　　霧島市教育委員会
　　　　鹿児島工業高等専門学校
発行者　向原祥隆
発行所　株式会社　南方新社
〒八九二―〇八七三
鹿児島市下田町二九二―一
電話　〇九九―二四八―五四五五
振替口座　〇二〇七〇―三―二七九二九
URL　http://www.nanpou.com/
e-mail　info@nanpou.com

印刷・製本　株式会社　イースト朝日
定価はカバーに表示しています
乱丁・落丁はお取り替えします
ISBN978-4-86124-357-8 C0036